STARKE
STÜCKE

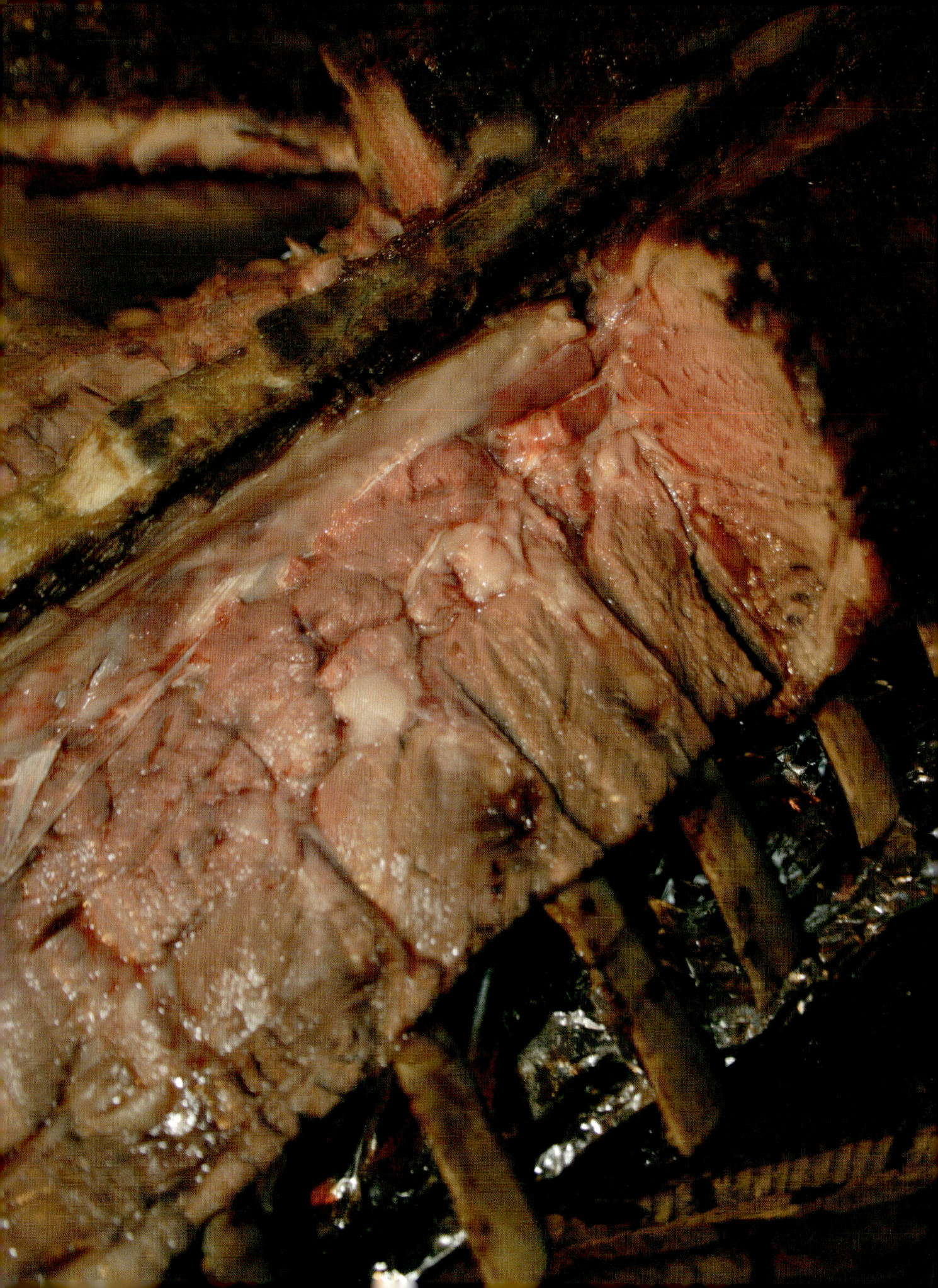

Gottfried Knapp

Vom Mehrwert »Starker Stücke«

Eine Genussanleitung

Ein starkes Stück: Wie kommt der »Leberkäs Hawaii« in die Sterneküche des Wald- & Schlosshotels Friedrichsruhe? Was hat den Meisterkoch Lothar Eiermann und den radikalen Satiriker Gerhard Polt in einem Buch zusammengebracht? Dass die beiden sich seit langem kennen und schätzen, ist noch kein zwingender Grund für eine Publikation, doch dass die beiden mit ganz unterschiedlichen Mitteln seit Jahren leidenschaftlich gegen die drohende kulinarische Verdummung Deutschlands kämpfen, gegen modisch-internationalistische Trends und den Verlust regionalen Wissens und Könnens, das brachte Verehrer der beiden auf die Idee, die Freunde über ihre gemeinsame Leidenschaft, das Essen, und über die Kultur seiner Zubereitung nachdenken zu lassen.

Von Anfang an waren sich alle Beteiligten einig, dass sie nicht eine jener austauschbar banalen Rezeptsammlungen produzieren wollten, wie sie von brabbelnden Fernsehköchen, aber auch von renommierten Meistern der Küche, die dabei weit unter ihr Niveau gehen, jährlich zu Hunderten in die Welt gesetzt werden. Wer den Ausstoß bunt bebilderter, von Food-Designern im Stil der Mode-Magazine gestalteter, inhaltlich unergiebiger Kochbücher mit der ständig wachsenden Flut von Kochsendungen im Fernsehen hochrechnet – in keinem Land der Welt schwappt so viel Essbares über die Bildschirme wie in Deutschland –, der könnte dem

Irrtum erliegen, dass die Deutschen vom Essen, vom Kochen und vom Genießen mehr verstehen als all ihre Nachbarn. In Wirklichkeit wurde durch das kulinarische Show-Gewerbe nur die Sucht nach mehr Show geweckt. Das allgemeine Verständnis und Bewusstsein für Essen und Trinken hat sich zwar in ein paar ökologische und exotisch-regionalistische Nischen hinein differenziert, doch das eigentliche Grundwissen über die Herkunft unserer Nahrung, über den Sinn bewährter Zubereitungsformen und über die Traditionen und Möglichkeiten unserer heimischen Küche geht im Medien-Tumult unaufhaltsam verloren. Auf welch ärmlichem geistigen und sinnlichen Niveau sich die deutschen Koch-Shows bewegen, verrät die verhungerte Sprache, mit der die Moderatoren dort Appetit wecken wollen: Ihre Differenzierungskunst beschränkt sich in der Regel auf die Wörter »lecker, super« und »superlecker«, die bis zum Erbrechen wiederholt werden.

Lothar Eiermann hat als Küchenmeister und Direktor dem fürstlichen Wald- & Schlosshotel Friedrichsruhe und seinem Restaurant schon in den 70er-Jahren zu einem Stammplatz auf den obersten Rängen der deutschen Gastronomie verholfen. Diese Spitzenstellung wurde seither souverän verteidigt. Eiermann ist der dienstälteste unter den sterne- und mützen-verwöhnten Küchenchefs der obersten Kategorie. Er hat bislang allen Versuchungen, seinen Ruhm im Fernsehen oder auf dem Buchmarkt zu versilbern, konsequent widerstanden. Auch zu diesem Buch der »Starken Stücke«, das ganz nach seinen Vorstellungen konzipiert wurde, hat er sich erst überreden lassen, als er erfuhr, dass sein Freund Gerhard Polt sich an dem Projekt beteiligen werde.

Der gemeinsame Auftritt im Zeichen des Essens war für beide eine Herausforderung. Eiermann hat die Gelegenheit benutzt, um eine traditionelle Methode der Geschmackskultivierung, die in der Neuen Küche kreativ wiederbelebt wurde, aber im kulinarischen Alltag nur eine untergeordnete Rolle spielt, mit überzeugenden Beispielen in Erinnerung zu rufen. Er stellt die »Starken Stücke« seines Hauses vor: Geflügel und Fisch, im Ganzen zubereitet; Fleisch, das am Knochen, also im gewachsenen Zusammenhang gegart und vor dem Anrichten sachgerecht tranchiert wird, wie die Rücken vom Reh, vom Ochsen oder vom Lamm. Die unverletzten, nur von Haut und Sehnen befreiten Partien behalten ihren intensiven Eigengeschmack und bleiben auf natürliche Weise zart und saftig. Eiermann beschreibt die nötigen handwerklichen Vorbereitungen, aber auch die Finessen des Tranchierens, des Zuschneidens und Aufteilens mit der Liebe des Kenners und erläutert anhand zahlreicher Fotografien alle Phasen der Zubereitung und Kultivierung. Der Leser wird so zum Spion in der Schlossküche.

Es ist also nicht übertrieben, wenn man sagt: Zum ersten Mal gibt ein Spitzenkoch in einem Buch etwas von seinem Geheimwissen preis. Eiermann redet nicht um den Kern herum, er lässt uns teilhaben an den sinnenhaften Ritualen, die unter seiner Leitung in Friedrichsruhe zelebriert werden. Diesem Anspruch zeigt sich der Freund aus dem Bayerischen gewachsen: Gerhard Polt, der, wie Eiermann, in unmittelbarer Nachbarschaft einer Metzgerei aufgewachsen ist, hat Episoden aus seinem Leben, die allesamt auf recht vertrackte Weise mit der Nahrungsaufnahme zu tun haben, drastisch sinnlich zugespitzt. So sind Miniaturen voller Witz und Schärfe entstanden – »Starke Stücke« der deutschen Sprache, die sich nach den illustren Ausflügen in die Hohe Küche wie ein Satyrspiel ausnehmen.

nelle Methode der Geschmackskultivierung, die in der Neuen Küche kreativ wiederbelebt wurde, aber im kulinarischen Alltag nur eine untergeordnete Rolle spielt, mit überzeugenden Beispielen in Erinnerung zu rufen. Er stellt die »Starken Stücke« seines Hauses vor: Geflügel und Fisch, im Ganzen zubereitet; Fleisch, das am Knochen, also im gewachsenen Zusammenhang gegart und vor dem Anrichten sachgerecht tranchiert wird, wie die Rücken vom Reh, vom Ochsen oder vom Lamm. Die unverletzten, nur von Haut und Sehnen befreiten Partien behalten ihren intensiven Eigengeschmack und bleiben auf natürliche Weise zart und saftig. Eiermann beschreibt die nötigen handwerklichen Vorbereitungen, aber auch die Finessen des Tranchierens, des Zuschneidens und Aufteilens mit der Liebe des Kenners und erläutert anhand zahlreicher Fotografien alle Phasen der Zubereitung und Kultivierung. Der Leser wird so zum Spion in der Schlossküche.

Es ist also nicht übertrieben, wenn man sagt: Zum ersten Mal gibt ein Spitzenkoch in einem Buch etwas von seinem Geheimwissen preis. Eiermann redet nicht um den Kern herum, er lässt uns teilhaben an den sinnenhaften Ritualen, die unter seiner Leitung in Friedrichsruhe zelebriert werden. Diesem Anspruch zeigt sich der Freund aus dem Bayerischen gewachsen: Gerhard Polt, der, wie Eiermann, in unmittelbarer Nachbarschaft einer Metzgerei aufgewachsen ist, hat Episoden aus seinem Leben, die allesamt auf recht vertrackte Weise mit der Nahrungsaufnahme zu tun haben, drastisch sinnlich zugespitzt. So sind Miniaturen voller Witz und Schärfe entstanden – »Starke Stücke« der deutschen Sprache, die sich nach den illustren Ausflügen in die Hohe Küche wie ein Satyrspiel ausnehmen.

Gleich die erste Gebrauchs- und Genussanleitung von Lothar Eiermann führt die Besonderheiten der »Starken Stücke« eindrucksvoll vor. Im herrlichen Renaissance-Schloss Neuenstein, das aussieht, als sei es von der Loire ins Hohenlohische verschlagen worden, hat sich in der Küche ein 30 Meter hoher, gewaltiger Rauchabzug aus dem Jahr 1485 erhalten. Um dieses illustre Erbstück und seine einzigartigen Möglichkeiten zu nutzen, zieht Eiermann bei besonderen Gelegenheiten mit seiner Küchencrew von Friedrichsruhe nach Neuenstein um, vertauscht also die moderne Restaurantküche mit dem primitiven gemauerten Herd im benachbarten Fürstlich-Hohenlohischen Schloss und zelebriert dort mit dem Wissen und Können der Nouvelle Cuisine eine Kunst, die seit den Tagen der Hofhaltung nicht mehr ausgeübt wird, nur noch in rustikaler Form auf Volksfesten weiterlebt.

Er bringt unter dem gewaltigen steinernen Trichter des Kamins einen Holzkohlenberg zum Glühen und lässt einen ganzen Ochsenrücken zweieinhalb Stunden lang am Spieß gemächlich über der Glut drehen. Die Gäste des Festmahls, die während dieser Prozedur in der großen Küche Platz nehmen, erleben, wie das wunderbar behutsam gegarte, an keiner Stelle verbrannte Fleisch im Ganzen als Platte von den Rippenknochen gelöst und dann auf dem Brett in dicke Scheiben geschnitten wird. Es ist im Verband mit den Knochen und unter dem schützenden Fettrand unvergleichlich zart und saftig geblieben, hat keine trockenen, harten Ränder und auch keinen blutenden Kern. Das marmorierte, edle Fleisch ist, wie der Meister es selbst beschreibt, »durch und durch gleichmäßig rosa bis auf den Grund«.

Eiermann hat den monumentalen Ochsenrücken aus dem Schloss Neuenstein, den niemand zu Hause »nachkochen« kann, den er auch selber

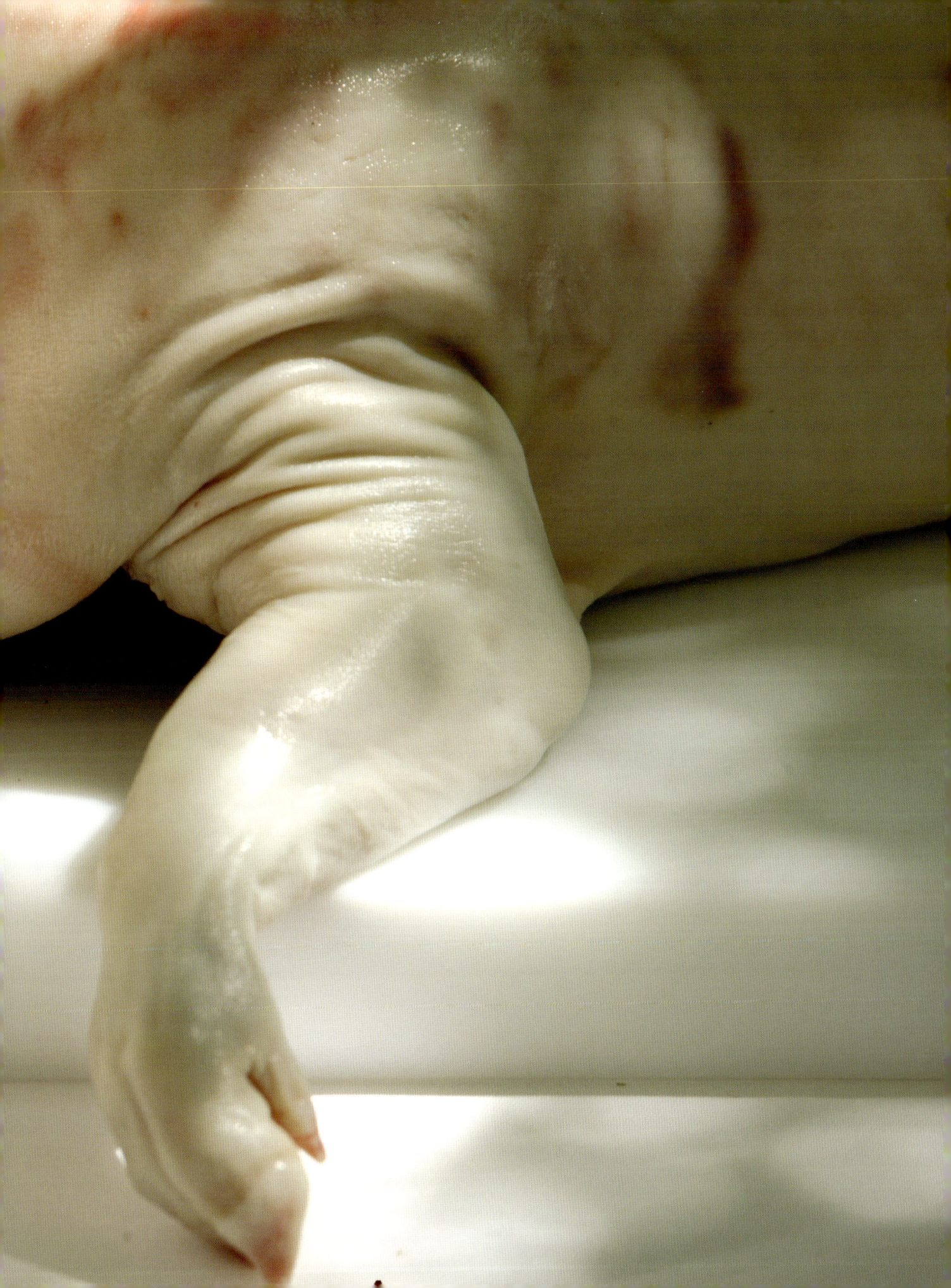

woanders kaum in dieser Qualität zubereiten könnte, bewusst an den Anfang seines konzentrierten Seminars über die »Starken Stücke« gestellt. Mit ihm kann er den Mehrwert des »Großen und Ganzen« in der Küche besonders eindringlich darstellen. Wer die Bilder vom festlichen Mahl in der alten Schlossküche, die Fotografien des vom Spieß abgenommenen Rückens und der saftigen Fleischscheiben sieht, der bekommt eine Ahnung vom naturhaft reinen, unmanipulierten Geschmack, der bei der behutsamen Zubereitung ganzer Stücke erschlossen wird. Er begreift, dass Fleisch, das »im Rohzustand ausgebeint, zerlegt, klein geschnipselt«, oder Fisch, der filetiert wird, nach dem Zubereiten zwangsläufig anders schmecken muss als die am Knochen gegarten »Starken Stücke«.

Eiermann tritt den Beweis gleich mit fünfzehn Beispielen an. Er bewegt sich dabei entschieden in Richtung häusliche Küche, also auf seine Leser zu, spart nicht mit praktischen Hinweisen, Ratschlägen und Informationen über das Material. Fast alle beschriebenen Gerichte lassen sich in einer normal ausgestatteten Küche gut nachkochen. Hinter dem Meister zurückbleiben werden die Schüler spätestens beim Tranchieren, bei der Kunst des Zerlegens, die im Buch zwar mit Worten und in Bildern vorgeführt wird, die aber nur beherrscht, wer fleißig geübt hat. Was Eiermann seinen Lesern bietet, ist also sehr viel mehr als nur eine Folge von Kochrezepten, es ist eine Anleitung zum Verständnis des Außergewöhnlichen in der Kochkunst und gleichzeitig ein Manifest der Naturverehrung, das den Leser anleitet, wie er geschlachteten Tieren beim Zubereiten zu einer neuen Würde verhilft.

Geflügel – egal ob Kapaun, Ente, Taube oder Fasan – wird bei Eiermann grundsätzlich im Ganzen gegart und dann partienweise in Etappen serviert, da Brust und Keule unterschiedliche Garzeiten haben. Dass Flusskrebse unzerlegt in der Karkasse gesotten werden, ist allgemeiner Brauch; hier kann sich Eiermann auf die Zubereitung seiner zwei exquisiten Saucen konzentrieren. Bei Fisch macht er klar, warum er den einen – Rascasse oder Forelle – im Ganzen zubereitet, den anderen – etwa den Zander – in filetierter Form auf der Haut brät. Bei der Lammkeule, beim Lamm- und beim Rehrücken oder bei der Haxe vom Schwäbisch-Hällischen Schwein genügen die Fotos der aufgeschnittenen rosigen Herrlichkeiten, um die genießenden Leser zu wild entschlossenen Nachahmungstätern zu machen.

»Starke Stücke« – dazu gehören auch »Kalbskopf« und »Ochsenschwanz«, zwei der Lieblingsgerichte aller trainierten Gourmets. Die Stichworte »am Stück« oder »am Knochen« passen zwar nicht präzise auf die Art ihrer Zubereitung, doch da beim Kalbskopf all die schmackhaften Teile, die sich direkt um die Schädelknochen schmiegen, Verwendung finden, beim Ochsenschwanz aber die Einzelstücke unzerlegt, also mit Knochen geschmort werden, können die beiden Gerichte zusätzlich als Beweis für die außerordentliche Qualität und die geschmackliche Vielfalt der ganzheitlichen Zubereitung dienen.

Bei all diesen Speisen verzichtet Eiermann konsequent auf exotische oder modische Anleihen und Zutaten; er kultiviert die – zum Teil erst in den letzten Jahren wiederbelebten – Traditionen der eigenen Region: Das Wild kommt selbstverständlich aus den fürstlichen Wäldern rund um das Schloss; Rind-, Kalb- und Schweinefleisch, Tauben, Forellen, Zander werden allesamt aus der hohenlohischen Nachbarschaft, die Flusskrebse aus fränkischen Gewässern bezogen. Dem erbarmungslos alle Differenzen und Finessen niederwalzenden kulinarischen Globalismus setzt die

gehobene Gastronomie also die hohe Kultur der Provinz entgegen.
»Am Anfang war die Metzgerei . . .« könnte man, die beiden gegensätzlichen Lebensläufe von Lothar Eiermann und Gerhard Polt betrachtend, philosophisch sagen. Eiermann hat seine Erinnerungen an archaisch-liebevolle Formen der Tierhaltung, wie sie in seiner Kindheit üblich waren, und seine Erlebnisse in der Metzgerei seiner Heimatstadt als Küchenchef transponierend sublimiert und in eine hohe Kunst überführt. Polt hat beim Spaziergang durch die eigene Kindheit und durch die Alltagswelt Metzgereien und Wirtshäuser nicht nur als Orte privater wie kollektiver Projektionen und Sehnsüchte entdeckt, sondern auch als Symbole für das Leben »im Großen und Ganzen«, ja als Gradmesser für den Zustand unserer Welt.
Da kann Gerd Dengler dann nicht mehr fern sein. Der Münchner Kunstprofessor mit der anarchischen Anti-Ästhetik, der als Illustrator fast alle literarisch-satirischen Arbeiten Polts mit bildnerischen Mitteln fortgeschrieben oder ausgedeutet hat, thematisiert mit seinen scheinbar naiven, vertrackt bösen Zeichnungen jenen Teil der Nahrungskette, der in allen kulinarischen Publikationen strikt ausgespart bleibt: das Töten der Tiere. Er schließt also die Lücke zu den Kindheitserlebnissen der beiden Autoren.
»Starke Stücke« – Polt und Dengler beleuchten mit satirischer Überschärfe das, was Eiermann beim Verfeinern der einfachen Dinge zum Erlebnis macht: die Tatsache, dass wir beim Anschaffen, Zubereiten und Verzehren unserer Nahrung den Wundern, aber auch den Katastrophen des Lebens näher sind als bei jeder anderen Tätigkeit.

Lothar Eiermann Vom »Ganzlassen«

Seit 30 Jahren bin ich Küchenmeister und Direktor im Wald- & Schlosshotel Friedrichsruhe, das von seiner Lage her immer eher ein Restaurant
mit Zimmern als ein Hotel mit Restaurant war. Von spätestens 1976 an
hat unser Restaurant stets zu den besten in Deutschland gehört; hier
braucht normalerweise kein Mensch ein Zimmer und die Gäste müssen
einen Grund haben, von sehr weit her zu uns zu fahren – und das waren
ganz einfach die Küche und der Service.

Wie alle bekannten Kollegen in der Küche kann auf Dauer nur der wirklich gut sein, der Respekt vor allen Nahrungsmitteln hat. Wer Tiere und
Pflanzen unserer Natur nicht respektiert, das behaupte ich, kann kein
großer Koch werden. Schon als Heranwachsender bin ich staunend vor
dem sagenhaften Gerippe einer Seezunge gestanden, das in seiner Schön-
heit so von Menschenhand nicht geschaffen werden kann.

Dieser Ansatz der Betrachtungsweise ist auch der Grund für die seit
vielen Jahren praktizierte Form des »Ganzlassens«, des Tranchierens am
Tisch, wenngleich wir natürlich auch Menüs mit Tellergerichten servieren.
Aber kein Spitzenbetrieb hat über so viele Jahre die »Starken Stücke«, wie
wir sie hier nennen, auf eine Weise in die Speisekarte integriert wie das
Wald- & Schlosshotel Friedrichsruhe.

Allerdings setzt diese Entscheidung auch voraus, dass es genügend fähige

Mitarbeiter im Service gibt, die das Tranchieren wirklich beherrschen. Am Anfang meiner Tätigkeit hier habe ich fast nonstop Schulungen in dieser Hinsicht durchgeführt.

Am liebsten möchte man die wunderbaren Produkte unserer Erde dort lassen, wo sie sind, aber wenn sie nun mal zu unserer Freude und um unserer Ernährung willen verarbeitet werden müssen, so ist zweierlei unabdingbar:

Erstens Tiere und Pflanzen müssen ein artgerechtes Leben führen dürfen, bis zu ihrer Bestimmung, von uns verspeist zu werden. Es ist dann die Aufgabe des Kochs, beide, die Pflanzen wie die Tiere, gewissermaßen mit Ethik und sanft zu bearbeiten.

Zweitens Dabei ist aus meiner Sicht klar, dass »Starke Stücke«, die also im Ganzen – so wie die Natur sie liefert – an den Tisch kommen und die dort tranchiert werden, in der Regel jeweils mehr an Substanz behalten, als wenn man sie bereits im Rohzustand ausbeint, zerlegt, klein schnipselt und dann zubereitet.

Machen Sie nur einmal die Probe, zwei ausgelöste Entenbrüste in der Pfanne zu braten und zu essen – und ein anderes Mal die ganze Ente am Stück zu braten, zu tranchieren und dann auf den Teller zu legen: Sie werden sofort spüren, was ich meine. Im Allgemeinen gilt das für fast alle »Starken Stücke«, wenngleich Ihnen in diesem Band natürlich auch Ausnahmen begegnen werden, wie zum Beispiel der Kalbskopf und der Ochsenschwanz.

Ich wollte nie ein Kochbuch schreiben, vielleicht, weil es sowieso schon so viele gibt und ich so wenig Zeit dafür erübrigen kann. Denn ich bin außer für die Küche eben auch für das ganze Hotel verantwortlich. Aber als ich hörte, dass mein Freund, der Kabarettist und Schauspieler Gerhard Polt – den ich als Mensch verehre –, bereit war, mitzumachen, habe ich mich mit Freude an dieses kleine Werk herangemacht.

Als Bub, von 1945 bis 1955, habe ich in meinem kleinen Heimatort Stühlingen – die Eltern betrieben ein Modehaus und Kolonialwarengeschäft – nicht weit von der örtlichen Metzgerei gewohnt. Mein Großvater hatte noch Stallhasen, die wir dorthin brachten, als er krankheitshalber nicht mehr in der Lage war, selbst zu schlachten. Auch sonst konnte ich dem »Fest der Freude«, zum Beispiel der Schlachtung eines Hausschweines, beiwohnen. Schon damals hat sich der Respekt vor dem Tier geregt – obwohl es ein Tötungsakt war –, und ich bin sehr froh, dass wir jetzt zumindest wieder in eine Zeit kommen, in der die Menschen doch hoffentlich wegkommen von der fabrikmäßigen Massentierhaltung und Behandlung der Tiere. Das ist keine Nostalgie im naiven Sinne, sondern eine notwendige Korrektur, zu unserem eigenen Wohl.

In diesem Sinne wünsche ich Ihnen viel Freude bei den »Starken Stücken«.

Ganzer
Ochsenrücken
am Spieß

dieser Ochsenrücken am Spieß ist etwas ganz Besonderes, wurde er doch vollständig in einer Küche zubereitet, die 1485 so gebaut wurde und heute immer noch funktionsfähig ist – dies ist wahrscheinlich einmalig auf der Welt. Besonders erstaunlich ist dabei, dass der dreißig Meter hohe Abzug in dieser Neuensteiner Schlossküche noch funktioniert und in der Lage ist, den Gästen, die in der Küche essen, ein Klima zu bescheren, wie es unsere teure Lüftungsanlage im modernen Friedrichsruhe nicht besser könnte.

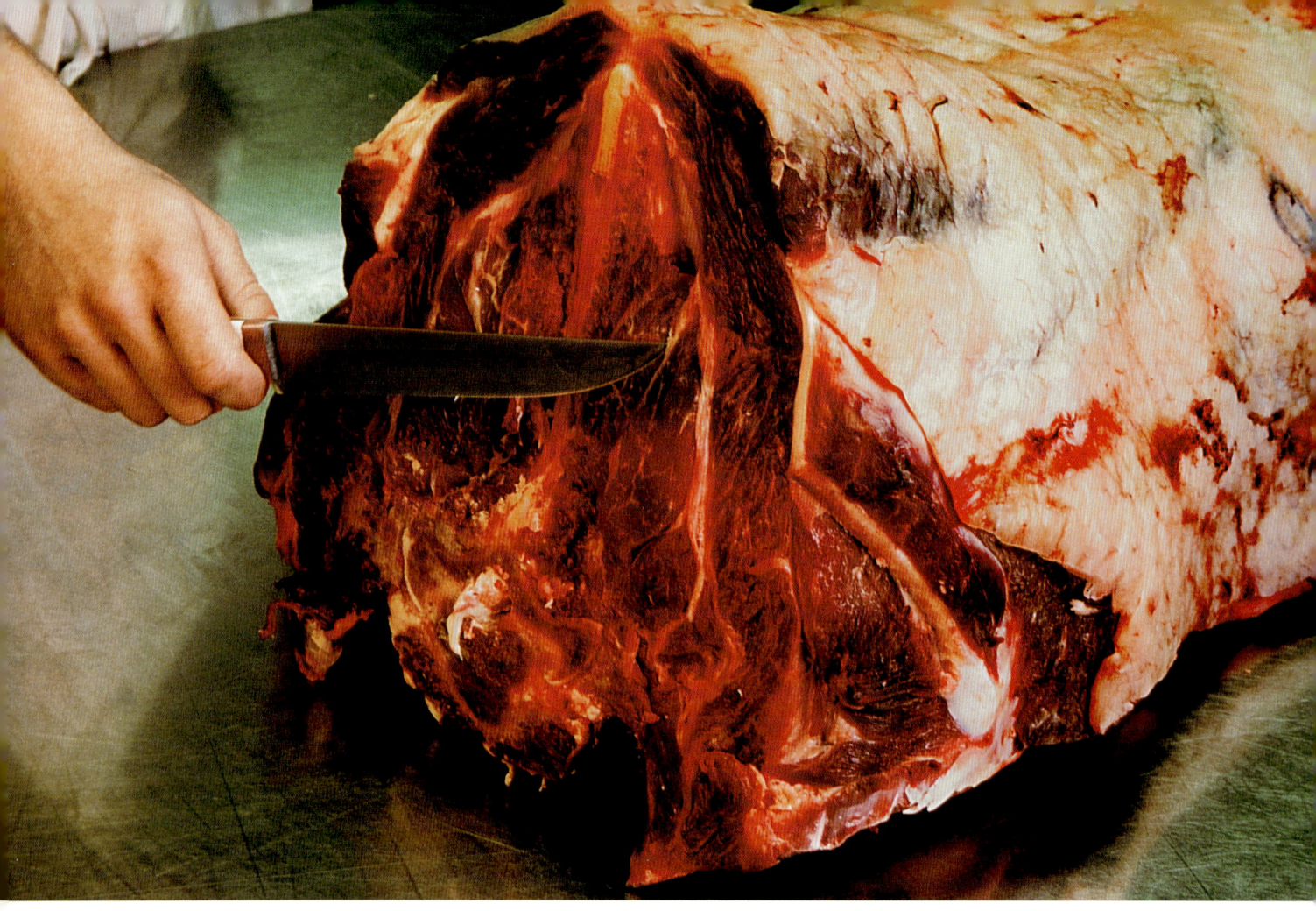

So wird der Ochsenrücken nicht halbiert, sondern extra unhalbiert bestellt. Wir stecken ihn dann, nach dem Parieren, auf einen Spieß, und zwei Köche drehen dieses Stück ca. 2 1/2 Stunden lang im Wechsel über dem Holzkohlenfeuer. Parieren bedeutet: Die Oberschicht der Haut wird abgetrennt, aber die Fettwulste an den Enden werden stehen gelassen. Die nebenstehenden Abbildungen lassen gut erkennen, dass das Fleisch im Rohzustand sehr schön marmoriert ist, das heißt der Ochse wurde langsam großgezogen und die Äderchen des Fettes außen gehen durch das Fleisch und sind der eigentliche Geschmacksträger.

Durch die ständige Drehung kommt ein zweiter positiver Effekt zu Stande, nämlich der, dass kein dicker Rand außen entsteht und das Fleisch durch und durch gleichmäßig rosa ist bis auf den Grund.

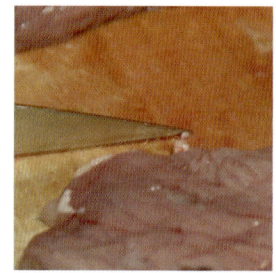

Das flache, früher fertige
Stück wurde zuerst heraus-
gelöst und tranchiert.
Das höhere Stück soll noch
weiter ziehen.

Angerichtet wird der Ochsenrücken, der wie alle
ganzen Stücke etwas ruhen muss, bevor man
ihn anschneidet, auf frischem Mischgemüse.
Die »Jus de Viande« setzen wir natürlich vorher,
und in diesem Fall von Kalbsknochen, an. Diese
Jus wird mit Burgunder-Wein abgeschmeckt.

Gerhard Polt

Der Büchsengourmet

*m*ein Spezi Herbert ist ein Gourmet – ohne Spaß
und Ironie.

Er isst den Hering in der Tomatensoße aus der
Büchse bei halb geöffnetem Deckel, er lehnt es
prinzipiell ab, einen Teller zu benützen, weil der
Büchsenfisch muss nach Büchse schmecken –
das Büchsige, Metallische gibt dem Fisch den Kick,
sagt er – er kratzt die letzten Fischbrocken mit
der Gabel aus dem hintersten Teil der Büchse –
er fischt sie sozusagen heraus, weil er will nicht,
dass durch völliges Abdecken der Büchse der Fisch
dem Tageslicht ausgesetzt wird.

Zur Mahlzeit schaltet er den Fernseher ein, isst
aber, ohne dem willkürlichen Programm besondere
Aufmerksamkeit zu schenken. Das Tomatige würde
in der Dose sehr gut konserviert, sagt mein Spezi.
Er trinkt gerne mal eine Tasse Kaffee zu der
Eventmahlzeit. Auch Curry und Fisch ergäben
eine gute Symbiose. Aber die Büchse einmal geöffnet, soll man den Inhalt gleich verzehren, weil

das Curryaroma verlöre an Spannkraft im Kühl-
schrank, während die Tomate resistenter sei und
einem so der Zeitpunkt des Verzehrs nicht aufge-
zwungen wird.

Bisweilen habe ich meinen Spezi ertappt, wie
er zum Büchsenfisch auch schon mal einen Barolo
getrunken hat oder einen Chablis. Die Qualität
des Weines hängt davon ab, von wem man ihn
geschenkt bekommen hat und wann. Aber Bier geht
genauso, sagt er. Und man solle nicht vergessen,
nach dem Schlemmen das Fernsehen wieder aus-
zuschalten, weil, die vielen Kochsendungen gingen
einem auf die Nerven.

Ganzer
Kapaun

der Kapaun ist ein kastrierter Hahn und wird deswegen auch mindestens doppelt so groß wie ein Hahn. Diesen Kapaun hat Monsieur Pierre Lavalle acht Monate gehegt und gepflegt, dafür gesorgt, dass es ihm gut ging, er saftiges Gras mit viel Ungeziefer vorgefunden hat und frisches Quellwasser vorhanden war, wann immer es ihn dürstete.

Zirka sechs Wochen vor seinem Ende wurde der Kapaun nur noch mit einem Brei aus Mais, Weizen, Hirse, Frischkäse oder Milch verwöhnt. Nach dem Schlachten wurde er sofort von einer erfahrenen Mitarbeiterin gerupft – dies muss getan sein, solange die normale Körpertemperatur noch vorhanden ist. Danach wurde er, um das angelegte Fett gleichmäßig zu verteilen, in Leinen gewickelt.

Wir haben diesen Kapaun dann etwa 55 Minuten gebraten.

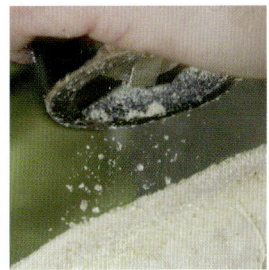

Es gibt viele Menschen, die bei Geflügel immer die Keulen vorziehen und die Brust eher dem Nachbarn überlassen wollen. Das kommt daher, dass »Köchin« oder »Koch« am heimischen Herd fast immer den Fehler machen, ein Geflügel – und dies trifft für alle Geflügel zu, außer die Gans – so lange zu braten, bis die Keulen durch sind. Dann aber ist auch das bessere Stück, die Brust, die Franzosen sagen auch »Suprême« dazu, trocken.

Die feinen »Härchen« werden abgeflämmt.

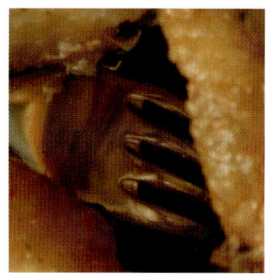

Beim Tranchieren sollte also die Keule immer noch rosa sein, damit die Brust saftig ist. Die Keule muss dementsprechend nachbearbeitet werden, deswegen haben wir zum Beispiel im Wald- & Schlosshotel Friedrichsruhe die Ente in drei Gängen auf der Karte.

Von Geflügelknochen wird die Jus hergestellt, und als Beilagen haben wir beim Kapaun Pommes Dauphine ausgesucht, das sind mit Brandteig versetzte Kartoffelkrapfen. Dazu wurde Chicorée und Kürbisgemüse gedünstet und mit schwarzen Nüssen versetzt.

Wir verwenden beim Tranchieren den Löffel, um die Stücke nicht zu verletzen.

Gerhard Polt *Sautot*

*a*ls Kind in einer Metzgerei aufzuwachsen ist ein Privileg, welches von anderen Kindkollegen nicht genug beneidet werden kann.

Wenn man im Besitz von echten Kuhaugen, Schweinsbladern, Ochsenfieseln oder gar Stierhörndln ist, dann hat es einem der liebe Gott besonders gut gemeint.

Im Gegensatz zu Brutstätten trostloser Fadheit wie Kindergärten ist eine Metzgerei ein Eventparadies, und selbst die Horrorfilme für die Kleinsten sind eine matte Sache verglichen mit einer echten Hinrichtung – der Enthauptung eines Gockels zum Beispiel –, wo man in der ersten Reihe sitzt, wo das echte Blut spritzt und man mit ansehen darf, wie der Kopf abfällt, während der Rest des Gockels noch über den Schuppen fliegt.

Und, dass man mir im Alter eines praktizierenden Analphabeten schon Aufgaben höchster Verantwortung zuteilte! Ich musste beispielsweise nach einem durch Handschlag besiegelten Kauf einer

Sau den Erwerb mitfeiern und – so gerecht ging es damals zu – bekam den Foam (Schaum) und der Metzger das Bier, bevor wir im Holzvergaser heimfuhren.

Am anderen Tag ging's dann schon ganz früh los. Die Sau schrie fürchterlich, aber nicht allzu lang. Bei der Führung des Schussapparates unterstützte mich dann schon ein Geselle. Nach dem Bumm war die in einen Pferch eingespannte Sau dann ziemlich hin und ungerührt rührte ich das Blut. Die erste Blunzn gehörte mir und auch auf die Gefahr hin, dass ich mich wiederhole: Kinder in einen Kindergarten stecken, statt in eine Metzgerei, ist einfach eine Sauerei.

Kalbskopf

Wir bekommen hier den Kalbskopf immer am Stück, und es gibt nicht viele Köche, die die so genannte Maske richtig ablösen können. Dazu braucht es Erfahrung und ein sehr scharfes Messer. Kalbskopf, den liebt man oder man liebt ihn nicht, es gibt kein Zwischending. Fast alle meine Kollegen essen ihn gern, ich auch. Überdies ist der Genuss von Kalbskopf sehr gut für Sehnen und Gelenke.

Die Maske wird abgelöst und mit Lauch, Sellerie, gespickter Zwiebel, Karotten und Pfefferkörnern ca. 2 1/2 Stunden weich gekocht. In diesem Falle haben wir die Zunge separat gekocht, sie braucht nicht ganz so lange. Wir haben die Maske noch warm in eine Terrine gepresst und die Zunge als Einlage verwendet. Die Zunge wurde übrigens noch gepökelt.

Diese Terrine serviert man kalt, mit einer schönen Vinaigrette und guten Bratkartoffeln. Aber natürlich gibt der Kalbskopf mehrere Variationen her, sehr beliebt ist auch die Zubereitung in Madeirasauce.

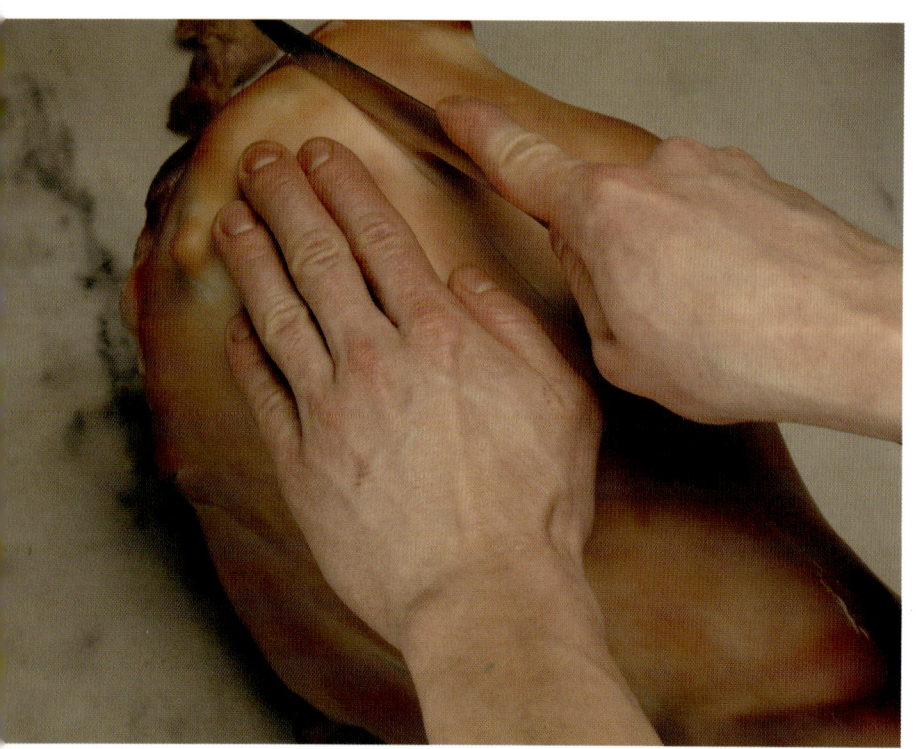

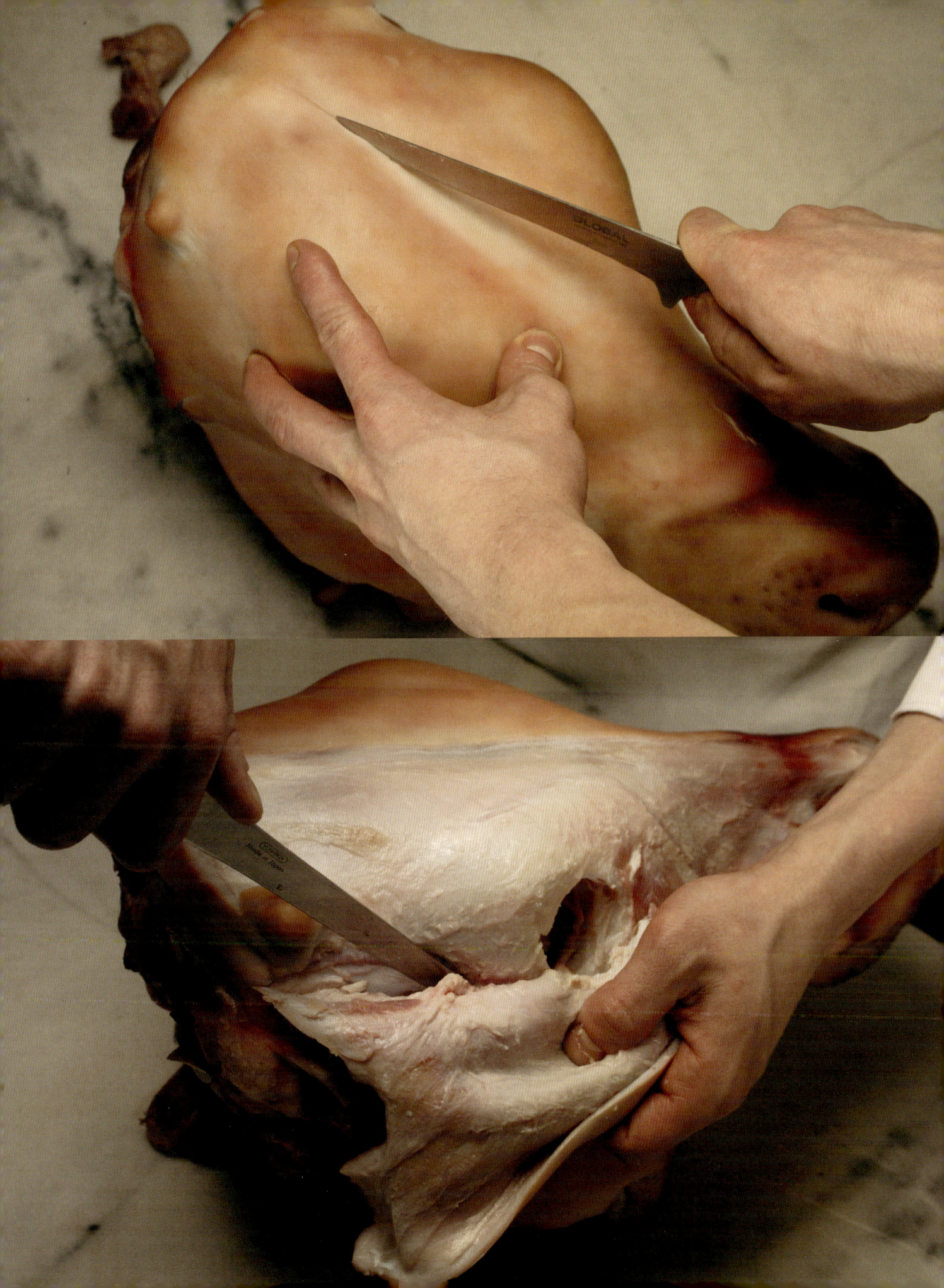

Gerhard Polt *Der Regenwurm*

*d*ass ich es nicht war, stimmt, ob es der Rudi war,
weiß ich nicht. Der Hohenberger hätte es sein
können, aber auch der Brey. – Den Bob haben sie
wahrscheinlich schon zum Essen geholt gehabt,
der war nicht mehr da. Also bleibt höchstens noch
der Hansi, und der schwört, er war's nicht.
Geregnet hat es wie die Sau und da stand er, der
Kinderwagen, allein genau vor der Geschäftstür,
und der Säugling hat gebrüllt wie am Spieß, grauenhaft – Kinder leiden besonders unter Säuglings-
gebrüll.
Der Kinderwagen schaukelt von dem Gebrüll und
weit und breit keine Menschenseele. Die Mutter
ratscht wahrscheinlich mit der Kramerin und
irgendeiner von uns fand dann den Regenwurm
und hielt ihn hoch. Er war durch den Regen schön
gewachsen und aalte sich herum, wie es sich für
seine Zunft gehört.
Wir schauten uns alle an irgendwie – und dann
kam das Einverständnis von selber, ohne unser

Zutun – und vielleicht war's doch der Hohenberger,
der dem Säugling den Regenwurm zum Fressen
gab, der Bob war's sicher nicht, weil der zum Essen
heim musste – der Rudi hätt's sein können, aber der
Hansi sagt, er – unter keinen Umständen, ich war's
sicher nicht, weil sonst müsste ich es wissen – und
weil es plötzlich so ruhig war, wie der Säugling den
Regenwurm verschluckt hat, sind wir dann alle sehr
schnell heimgegangen und der Brey ist jedenfalls
auch nicht mehr dageblieben.

Ganzer
Rascasse

oder
Drachenkopf

i st dieser Fisch nicht schön? Aber Vorsicht vor
der Rückenflosse, daran sollte man sich nicht
verletzen, die ist ziemlich giftig. In einem Bräter
mit vielen Gemüsen und Kräutern und Pfefferkörnern haben wir ihn im Ofen gegart.
Vor dem Servieren haben wir eine kleine, separat angeschwitzte Brunoise vom Gemüse über
den Fisch gegeben. Er wird am Tisch filetiert.
Gegrillten Minifenchel, Tomaten, Oliven, Basili-
kum, gebratene Artischockenecken wurden
dazu gereicht und Gnocchi.

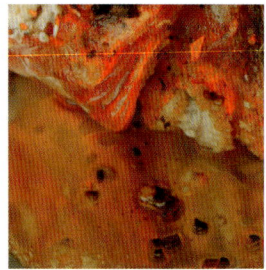

Der Fisch ist so schmackhaft, dass es nicht notwendig ist, eine Sauce herzustellen, ein bisschen Butter, leicht braun, »Noisette«, reicht völlig. Die Tomaten sind vom Inneren befreit, auch von der Haut, und in Butter gedünstet.

Das Ausnehmen beginnt immer an der Schwanzseite.

*Zuerst werden
die großen Bäckchen
ausgelöst.*

Gerhard Polt *Prügel*

A: Also ich sag's Ihnen! Meine Kindheit,
… das war die Hölle.

B: Warum? Sind Sie ein 40-er Jahrgang?

A: Das auch, aber, was ich geprügelt wurde! …
allein schon wegen dem Blumenkohl!
Wir mussten damals noch Karfiol dazu sagen …

B: Wieso? Mochten Sie keinen?

A: Nicht ums Verrecken! …, alles! … nur bitte
keinen Karfiol!
Ich wurde übergelegt! Mit dem Kochlöffel geschla-
gen! Abgewatscht! Fürchterlich!

B: Mein Gott!

A: Vor allem aber bekam ich Schläge wegen diesem
Scheiß Griesbrei! … Ohrfeigen, … Fußtritte.

B. Wegen dem Griesbrei?

A: Ich hab ihn ausgekotzt, grauenhaft! Ich habe
eine Allergie gegen Griesbrei!
Griesbrei! Einmal hat mir der Vater das Gesicht
in den Griesbrei rein – … ach – … gepresst.

B: Na, also, Methoden sind das!

A: Nur Prügel, … ich sag's Ihnen! Nichts als Prügel
und dann erst der Spinat!!

B: Ach geh! Sie auch nicht!

A: Kopfnüsse, – auf dem Holzscheit knien, den Spül-
lumpen ins Gesicht, dass er sich nur so um den
Hals gekringelt hat … alles weil ich brachte diesen
Spinat nicht hinunter, verstehen Sie?

B: Bei mir war's der Lebertran!

A: Genau! Das hätt' ich bald vergessen. Zu zweit
hielten sie mir den Kopf, rissen mir den Mund auf,
ich wäre beinahe erstickt!! … Ach ja!

B: Und heute?

A: Heute? Heute! Heut' ess ich alles!

Ganze Ente
in Salz-
teig

d ie Ente wird ausgenommen, in Form gebracht, gebunden und sowohl innen wie
außen an der Haut leicht mit Salz und Pfeffer
eingerieben. Dann wird sie scharf angebraten, aber nur zwei, drei Minuten. Danach
wird die Brust mit Honig beträufelt, darauf
kommt gehackter Rosmarin, den man vorher
schon in den Honig geben kann.

Separat davon wird Meersalz mit Eiweiß so
lange vermischt, bis man es formen kann.
Man baut einen Untersatz mit diesem Salz-
Eiweiß-Gemisch, gibt die Ente darauf und
zieht das Gemisch zuerst mit den Händen
über das Geflügel. Mit einer Palette wird
alles glatt gestrichen, dann fügt man schon
für später, zum Öffnen, unten herum eine
Kerbe ein. So kann der Salzteig nach dem
Garen gut abgenommen werden. Die Ente
bleibt in diesem Teig etwa 40 Minuten im
220° bis 250° heißen Ofen, dabei muss man
aufpassen, dass das Salz außen herum nicht
zu dunkel wird; eventuell abdecken. Auch
hier ist anschließend eine Ruhezeit von fünf
Minuten notwendig.

Mit einem Messer wird die Kerbe ganz
durchgeschlagen, und so kann der Deckel
abgehoben werden. Die Ente wird herausgenommen und tranchiert, wobei auch die
Keulen noch nicht ganz durch sein werden;
davon kann man später ein zweites Gericht
machen.

*Vor der Brust werden
die noch nicht fertigen
Keulen abgelöst.*

Die Brust wird wie abgebildet abgelöst und das innere Filet entfernt. Dieses Filet hat immer eine leicht zähe Haut, die abgezogen werden muss. Das Filet lässt man ganz und die Brust selbst wird in Scheiben geschnitten. Von den Entenkarkassen machen wir eine Jus, die mit Spätburgunder-Wein verfeinert wird. In diesem Falle dienen Rahmwirsing mit Speck und selbst gemachte Nudeln als Beilage.

Gerhard Polt *Der Rindsbraten*

*i*n einem Gasthof sitzt ein soignierter Herr im Anzug, sicher wohlhabend, würdig – und wartet. Es dauert, bis die Kellnerin, ein Riesenweib, mürrisch, grundsätzlich widerwillig – der Gast ist ihr natürlicher Feind –, ihm die Speisekarte aushändigt. Der Herr studiert sie von oben bis unten, ist unschlüssig, zögert.

Er will beraten werden. »Was können Sie mir denn Schönes empfehlen?«, lautet seine Frage, höflich, bescheiden, nicht die Spur anheischig.

Die Kellnerin betrachtet den Gast von oben. Haltung und Gesichtsausdruck widerspiegeln ihre Geringschätzung, ja Verachtung dem Gastwesen gegenüber. Dann lässt sie ihre klare Entscheidung auf den Herrn nieder. »Geh' weiter, du frisst an Rindsbraten!«

Ganze Lammkeule

die Haxe wird abgetrennt und der untere Knochen ausgelöst, was Ihnen auch ein Metzger richten kann. Die Lammkeule wird mit Rosmarin, Thymian, Schalotten, Lorbeer, Pfefferkörnern, zerdrücktem Knoblauch und Butter angebraten. Die Butter sollte aber geklärt sein. Das Ganze wird in den Ofen geschoben und bleibt dort, je nach Größe der Keule, zwischen 50 und 70 Minuten. Auch hier ist es notwendig, dass sie im Anschluss mindestens zehn Minuten ruht.

Die Keule sollte noch gut rosa sein, aber schon
heiß. Dazu servieren wir gebratenes Mittelmeergemüse und Bärlauchgraupen, aber auch Bohnen
und Gratin Dauphinois ginge hier sehr gut. Über
das gebratene Mittelmeergemüse geben wir gerne
ein bisschen Pesto und garnieren das Ganze mit
Rosmarinzweigen, die vorher kurz angedünstet
werden und damit auch essbar sind.

Gerhard Polt *Der Weps*

*d*ass ich mir die Geschichte nicht ausgedacht habe, kann ich
nicht beweisen.

Auch im Herbst ist der Kleinhesseloher See sehr bevölkert,
so wie jeder andere See auch, wenn die Sonne scheint und
es für die Jahreszeit noch zu warm ist.
Es war am Schliersee.
Meiner Großmutter war es gelungen, an einem Tisch noch
einen Platz zu ergattern für uns beide. Das gnädige
Gesicht vergisst man nicht, mit dem der Tischbesitzer uns
Sitzplatzsuchern die Stuhlbenutzung gewährte. Und wenn
man es gesehen hätte, würde man mein Verhalten noch
besser verstehen. Dieses wurde aber erst ermöglicht, weil
meine Oma mir eine Afri Cola bestellte.
Jeder, der einen zu warmen Herbsttag kennt, weiß auch
um seine unvermeidliche Begleiterscheinung – den Weps!
– In der Schule mussten wir immer »die Wespe« schreiben.
Warum eigentlich?
Also, der Weps war schon da und jonglierte auf dem
Strohhalm meiner Afri Cola. Da musste der Tischbesitzer

aufs Klo und in seiner Abwesenheit brachte die Bedienung
ein Stück Holländer-Kirschtorte, die er schon bestellt hatte,
als er noch ohne meine Großmutter und mir den Tisch
mutterseelenallein innehatte. Für mich war sehr schnell klar,
schließlich war ich noch unschuldig, die Abwesenheit des
Unsympathen musste genutzt werden. Ich schoss oder besser,
katapultierte den Weps mit dem gespannten Mittelfinger
von meinem Strohhalm mitten in die Holländer-Kirschtorte.
Sein penetrantes Gesumm wurde von der Schlagsahne ge-
schluckt. Nichts verriet seinen Aufenthaltsort.
Als der Klogeher zurückkam, wurde es spannend. Unvorein-
genommen löffelte er genüsslich mit der Gabel in der Torte.
Keine Angst! – Er verschluckte den Weps nicht, sondern
entdeckte ihn – aus seiner Sicht – rechtzeitig –, weil, um
ehrlich zu sein, von mir hätte er nichts erfahren, und meine
Oma hatte den gesamten Vorgang gar nicht bemerkt.
Jetzt ging's los! – Die Kellnerin wurde geholt, geschimpft, ja
angebrüllt. Worte wie Saustall, Mord und Entschädigung
fielen und sogar der Geschäftsführer kam persönlich.
Auch meine Oma solidarisierte sich mit dem Unsympathen
und schüttelte den Kopf – aber so ist das halt mit der Nai-
vität!
Wir alle aber mussten dann, glaub ich, nicht mehr bezahlen.
Der Weps hatte seine Schuldigkeit getan.
Seitdem aber ist mein Misstrauen der Gastronomie gegen-
über gewachsen. Eine Torte mag noch so sehr einen Eindruck
machen. Was drin ist, darauf kommt es an!

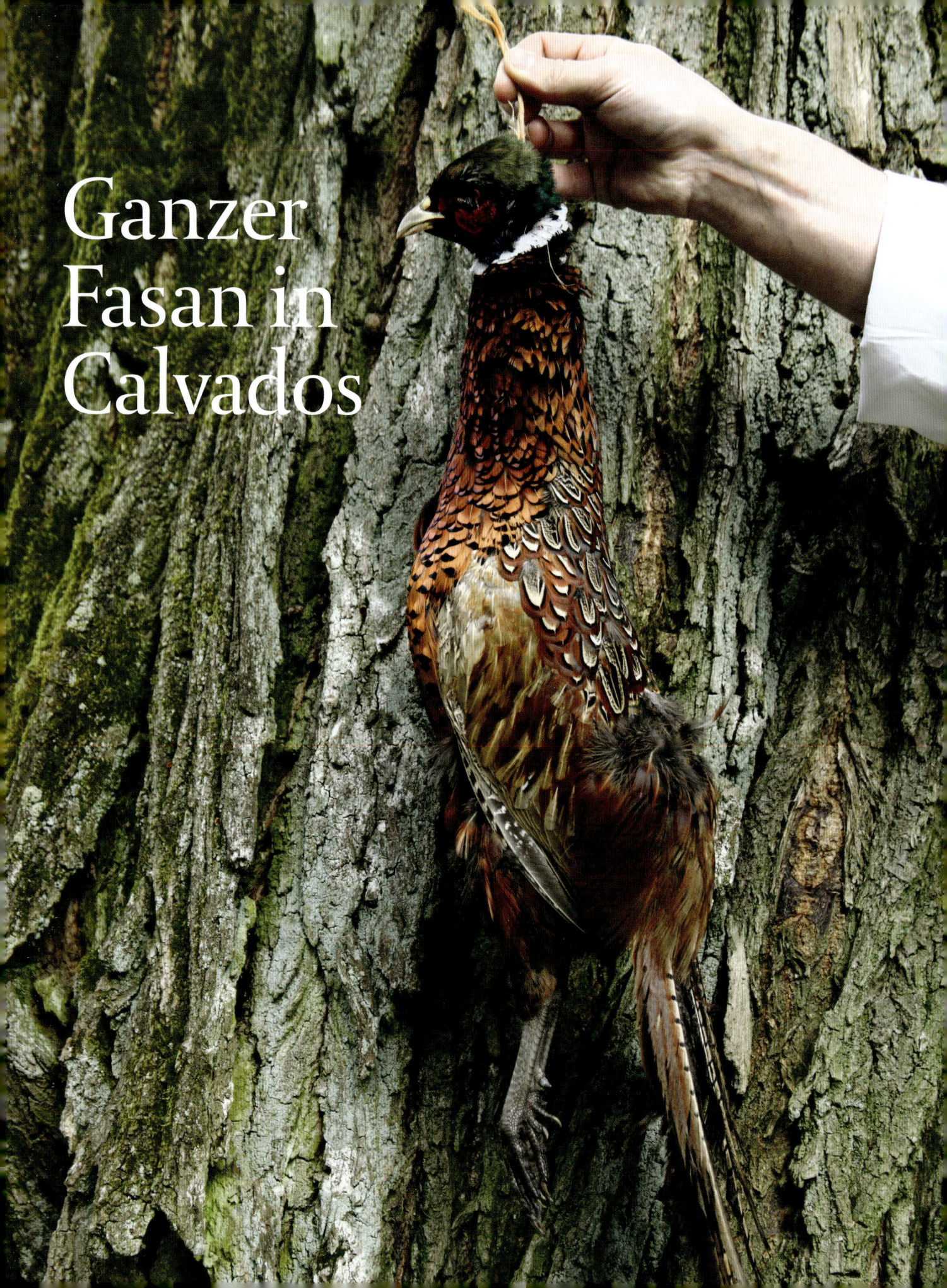

Ganzer
Fasan in
Calvados

d ieser Fasan in Calvadossauce ist eine Erfindung von mir, die man schon als Klassiker bezeichnen kann. Nach meiner Erinnerung habe ich dieses Gericht Anfang der achtziger Jahre zum ersten Mal gemacht.

Der Fasan wird gerupft, gebunden, gewürzt und angebraten. Dann nimmt man ihn heraus und in dieselbe Kasserolle kommt Butter, in der Zwiebeln, Apfelscheiben und klein geschnittene Karotten angeschwitzt werden. Etwas Thymian und Rosmarin sowie Pfefferkörner und Wacholderbeeren werden hinzugegeben. Das Ganze wird mit Calvados abgelöscht, abgeflämmt, dazu kommt ein kleiner Spritzer Weißwein, etwas Geflügelfond und Sahne. Man lässt alles aufkochen, setzt den angebratenen Fasan darauf, gibt noch etwas Calvados hinzu und lässt ihn ca. 20 bis 25 Minuten im Ofen schmoren.

*Der Geflügelfond
wird angegossen.*

*Zum Schluss wird
noch einmal Calvados
zugegeben.*

Gleichzeitig, und das ist wichtig, muss man von Geflügelknochen, möglichst vom Fasan, eine Jus kochen, die so eingedickt wird, dass man sie »Glace de viande« nennen kann – die Konsistenz muss also fast sirupartig sein. Wenn der Fasan fertig ist, wird er herausgenommen, die Schnur abgetrennt, und man sollte ihn zum Ruhen fünf Minuten an einen warmen Platz stellen. Die Sauce wird abpassiert und reduziert und leicht mit Butter abgebunden und abgeschmeckt.

Der Fasan wird wie die Ente tranchiert, vorher macht man einen Saucenspiegel von der hellen Sauce und träufelt die »Glace de faisan« im Kringel auf die Oberseite. Dann zieht man sie mit der Gabel von unten nach oben, sodass Fasanenfedern stilisiert werden. Dazu servieren wir Kartoffelpuffer, etwas Brokkoli mit Mandeln und gedünstete Apfelecken.

Gerhard Polt *Die Möwe*

*d*er ganze Mensch war eine einzige Überraschung. –
Das Gesicht vor allem! Aber ich meine jetzt nicht,
weil das Gesicht überraschenderweise so auffallend
war, das Gesicht des Mannes war ein Gesicht, wie
oftmals Gesichter sind, ohne besondere Vorkomm-
nisse. Nur, dieses eben jetzt folgende Vorkommnis
war eben die Ursache für dieses besondere Gesicht.
Millesgården im Juni 15 Uhr 13.
Ein Museumsbesucher stellt sein Tablett auf einen
Gartentisch. Er hat sich in der Cafeteria ein Schnitzel Wiener Art erworben, dazu das Übliche –
Pommes frites, Ketchup sowieso. Ein Schnitzel so
groß wie ein Frisbee.
Da fällt dem Mann, Gourmet, der er ist, ein, dass
er Pfeffer und Salz vergessen hat. – Muss er haben,
das ist er der alten k. & k. Küche schuldig.
Im Lokal verschwunden, machen sich sofort 40 bis
50 Hausspatzen, echte Stockholmer Hänflinge über
die allein gelassene Mahlzeit her. Es ist eine Freude
zuzusehen, wie das Geflügel sich als Okkasions-

parasiten skrupellos mit Eifer der opulenten Mahlzeit widmet.

Da erscheint der Schnitzeleigner wieder im Eingang zum Garten. Pfeffer und Salz in beiden Händen.

Das Treiben auf seinem Teller gewahrend, beginnt sein Gesicht plötzlich erst überhaupt eines zu werden. Er stürzt sich ins ornithologische Gewühl, da! – ein Pfiff! – ein Schatten! – ein schwerer Flügelschlag paralysiert Mensch und Geflügel. Ein Stuka in Form einer Riesenmöwe schießt über den Teller und wieder hinauf ins Firmament, das Prachtstück von einem Schnitzel im Schnabel.

Zurück bleibt ein Gesicht, ratlos, unbeholfen, wütend, unterlegen, bedeutungslos!

Bis damals hatte ich nicht gewusst, dass ein einziger Flügelschlag ausreicht, um aus einer Gesichtslosigkeit einen Charakterkopf zu machen.

Die Spatzen müssen sich irgendwie vertrollt haben, darum kann ich über sie auch keine Einzelheiten mehr berichten.

Ochsenschwanz

a uch der Ochsenschwanz ist ein sehr beliebtes
Gericht bei uns Köchen. Der Ochsenschwanz
wird pariert und in etwa 3 cm dicke Stücke
geschnitten. Das kann man sehr gut selbst
machen, sofern man die Gelenke gut trifft. Diese
Stücke werden dann in Burgunder-Wein und
Essig, mit Pfefferkörnern, Wacholderbeeren,
Lorbeer, Thymian, Majoran, Sellerie, einer Zwie-
bel, Karotten und Knoblauch mindestens eine
Woche, besser noch zwei Wochen eingelegt.

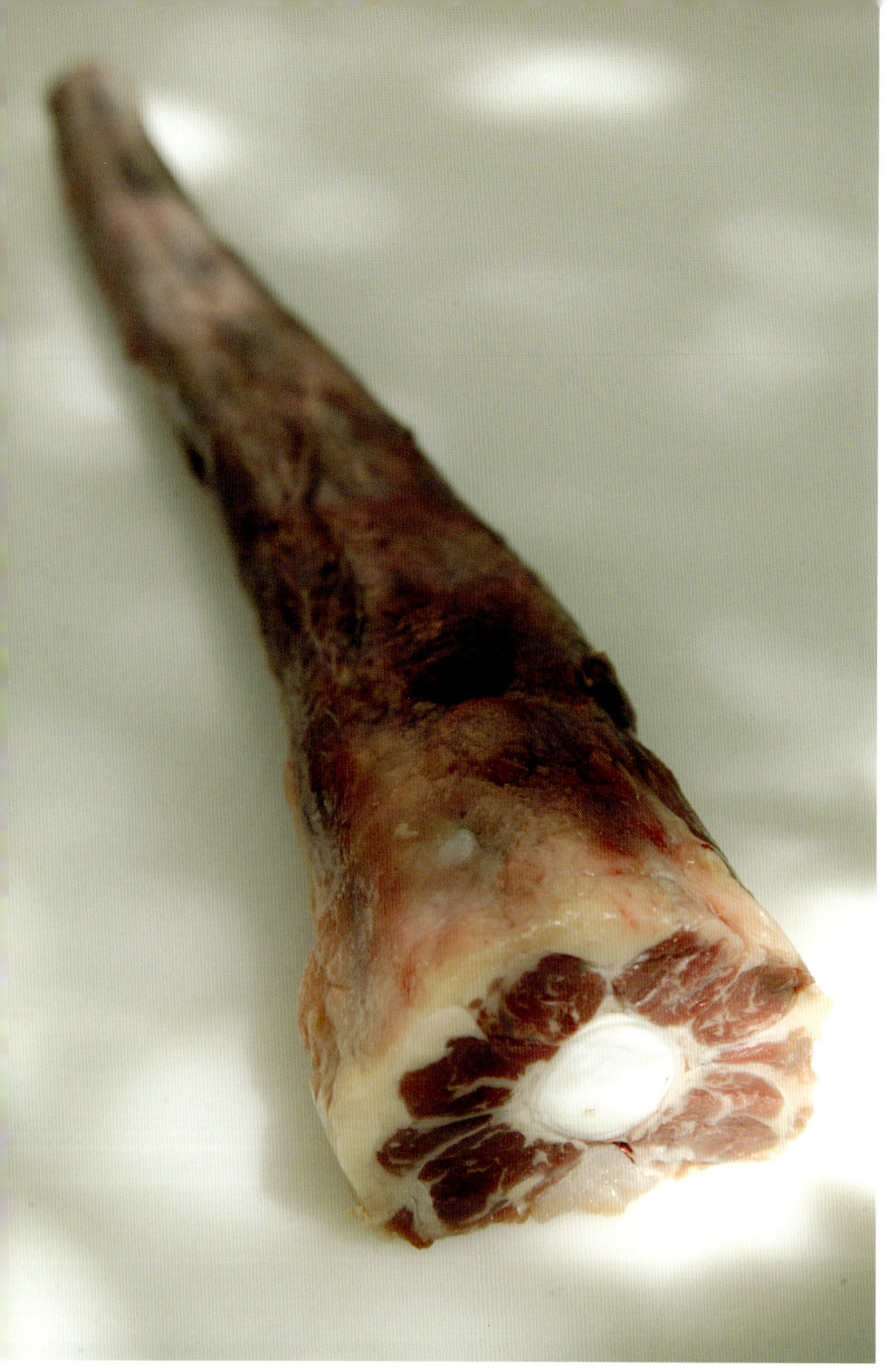

Ein guter Ochsenschwanz hat einen kräftigen Fettmantel und dadurch eine ausgeprägte Marmorierung.

Dann nimmt man den marinierten Ochsenschwanz heraus, trocknet ihn ab und passiert
die übrig gebliebene Brühe ab. In dieser Brühe
befindet sich nicht wenig Eiweiß; es wird
dadurch entfernt, dass man den Fond leicht
erhitzt und das Eiweiß sich absetzt. Die Ochsen-
schwänze werden erst nach dem Abtrocknen
gewürzt, in heißem Öl angebraten und herausgenommen.

In den Bratenfond gibt man Schmorgemüse, lässt es gut angehen, dann kommen Tomaten, etwas Tomatenmark dazu. Das Ganze wird mehrere Male abgelöscht. Dieses mehrfache Ablöschen ist deswegen sehr wichtig, weil so der Glanz in die Sauce kommt. Es kann mithilfe von Rotwein erfolgen oder mit dem Fond, der vom Marinieren angefallen ist.

Man legt die Ochsenschwanzstücke in die Sauce zurück und lässt sie darin vorsichtig schmoren. Wenn es nach zwei Stunden möglich ist, die Mittelknochen problemlos herauszunehmen, ist der Ochsenschwanz fertig.

Die Sauce wird abpassiert, gegebenenfalls auch gebunden, wenn zuvor kein Mehl zugegeben worden ist, und mit Burgunder-Wein abgeschmeckt.

Separat davon haben wir hier Kalbskutteln in einer Salzbrühe mit gespickter Zwiebel gekocht und eine Champagnersauce zubereitet.

Auf diesen Champagnerkutteln wird der Ochsenschwanz angerichtet, dazu geben wir ein Petersilienpüree und ein mit Lauch gebundenes Karottenbündchen sowie Schlosskartoffeln.

Sie werden sehen, es ist ein herrliches Gericht.

Gerhard Polt *Der Biaschi*

*d*ass nicht jeder Mensch ein Held sein kann, ist einzusehen. Dass in den Gaststätten nicht nur Heroen sitzen, die dem Wirt die Stirn bieten, gegen die Zumutungen, die ihnen serviert werden – Schwamm drüber –, aber der Gast ist doch auch ein Mensch, oder? Noch dazu, wenn er, wie es heißt, die Zeche bezahlt! Aber das, was wirklich schwer zu verstehen ist, das ist die häufig im Gast sitzende Feigheit – manchmal könnte man direkt sagen Würdelosigkeit, wenn es so weit kommt, wie in der Wirtschaft zum A… Ich nenne diese Lokalität absichtlich nicht beim Namen, damit man unbeeinflusst weiterhin hineingeht und sich persönlich überzeugen kann, ob es stimmt, was die Gerüchte hergeben.

Also der Wirt, der Herr G., hat einen Hund. Einen Boxer, den Biaschi, der, wie man sagt, immer so … schlabbert und es aus seiner Schnauze heraustrieft und wenn ein Gast etwas zu essen bekommt, dann legt er seinen Kopf auf dessen Knie und schlabbert

vor sich hin. Meistens wollen die Gäste das feuch-
telnde Ungeheuer abschütteln, aber – die Anhäng-
lichkeit des Untiers ist penetrant und nicht
einzudämmen. Dies erschwert den Essensvorgang
enorm. Bisweilen entfährt dem Wirt, Herrn G., ein
gleichgültiges »Und? Schmeckt's?« Fast immer
nicken die Gäste, manch einer sagt … »doch! …
nnn … ja!«, die Aussichtslosigkeit, den auf seinem
Knie schlabbernden Hund loszuwerden, erkennend.
Sollte – was auch schon vorgekommen ist – ein
Gast tatsächlich mit trotziger Zivilcourage – »nein«
– gesagt haben, bricht die Hölle los! Der Hund
bellt fürchterlich und geifert mit gebleckten Zähnen.
Der Wirt schreit dann: »Schaun's, dass's nauskom-
men! Ich will Ihnen da herin nie mehr sehn.« Die
Gastunfreundlichkeit vom Wirt ist echt und nicht
gespielt, auch der Hund ist nicht ironiebegabt.
Nebenbei wäre noch zu erwähnen, dass der Hund
nie – jedenfalls ich hab's nie beobachtet – das frisst,
was die fliehenden Gäste stehen lassen. Und auch
dem Wirt selbst muss man zubilligen, dass er es
seinem Biaschi auch nicht vorsetzt, sondern es ord-
nungsgemäß im Abfalleimer entsorgt.
Im Augenblick ist der Biaschi übrigens auf Diät.
Er macht eine Wurmkur.

Krebs

So ein kleiner Kerl – ein starkes Stück?
Ich finde schon!
Vor allem seit wir in der Nähe von Nürnberg
zwei Brüder als Lieferanten gefunden haben, die
uns fränkische Flusskrebse in hervorragender
Qualität und Größe liefern, verwenden wir diese
gerne. Allerdings sind sie fast so teuer wie breto-
nischer Hummer und auf jeden Fall teurer als
kanadischer. Aber sie verdienen diesen Preis
auch, weil ihr Fleisch eigentlich viel mehr Nuan-
cen aufweist als das des Hummers. Die Krebse
werden in einer Court-Bouillon, also in Salzwas-
ser mit »mirepoix«, kurz gekocht, höchstens
zwei Minuten, und dann lässt man sie noch ein
bisschen ziehen.

Sie werden anschließend ausgebrochen, das heißt der Schwanz und die Scheren, und die Karkassen werden klein gehackt und im Mörser noch feiner zerrieben.

Mit diesen Karkassen setzt man einen Fond an, eine so genannte Krebssauce, in der Form, dass Zwiebel, Lauch und ein paar Karotten fein geschnitten und angeschwitzt werden und die gemörserten Karkassen darauf kommen. Es wird mit Cognac abgelöscht, abgeflämmt, etwas Weißwein kommt hinzu und ein leichter Fischfond. Die Karkassen geben unglaublich viel Eigengeschmack ab, und auch die rote Farbe entsteht nicht etwa durch Tomaten oder Tomatenmark – wenngleich man einige Tomaten dazugeben kann –, sondern tatsächlich durch die Schalen.

Daneben haben wir einige Karkassen angebraten, mit etwas Tomatenmark versehen, dieses anrösten lassen und damit einen dunklen Ansatz erzeugt. Für das Auffüllen kann ruhig ein leichter Kalbsfond verwendet werden. Beide Saucen werden wir später noch brauchen.

Nun nehmen wir alles, was der Garten an Kräutern so hergibt, ohne jegliche Einschränkung, denn der Krebs kann gegen alles angehen. Dieser Kräutersalat sollte mit einer Art Vinaigrette angemacht werden. Die Krebse (die Schwänze müssen noch vom Darm entfernt werden) und die Scheren werden lauwarm darauf angerichtet, und das Ganze umranden wir mit diesen zwei Krebssaucen, der rosafarbenen und der dunklen.

Als besonderen Gag, der ausgezeichnet dazu passt, haben wir eine kleine Kartoffel gekocht, sie ausgehöhlt, mit ganz winzigen Kalbskopfstückchen gefüllt, paniert, in geklärter Butter ausgebacken und in die Mitte gelegt. Der Krebs an sich hätte das zwar nicht nötig, aber die Komposition ist so einfach umwerfend gut.

Gerhard Polt *Mein Ami*

*e*s wird behauptet, dass ich es so gesagt hätte und
man daraus schon frühzeitig auf meinen Charakter
habe schließen können.

Ein amerikanischer Wachposten schenkte mir den
damals sehr beliebten Cadbury Schokolad. Ich
nahm ihn gerne an und deutete gleichzeitig mit dem
Finger nach oben. Der GI verstand. Hopp – saß ich
auf seinen Schultern und verspeiste dort oben
genüsslich meine Tafel Schokolade.

Der Ismeier Manfred muss das gesehen haben. Er
stellt sich vor uns hin und will auch einen Cadbury.
Ich hätte dann, so wird behauptet, prompt reagiert
und vom Ami herunter geplärrt, der Manfred solle
sich schleichen – abhauen, weil das sei mein Ami
und wenn er einen Schokolad will, dann soll er sich
gefälligst selber einen Ami suchen!

Hohenloher Taube

die Taube wird gerupft, ausgenommen und gebunden wie alle Geflügel und in einer Pfanne schön von allen Seiten braun angebraten. Dazu kommen Kräuter, Zwiebeln, Pfefferkörner, Wacholder und geklärte Butter. Die Taube darf nicht länger als 15 Minuten im Ofen sein. Dann wird sie tranchiert wie bei Geflügel üblich, wobei man auch hier die Keulen als zweites Service nimmt.

Von Taubenknochen haben wir natürlich vorher auch wieder eine Jus gemacht, die in diesem Fall mit Madeira abgeschmeckt wurde.

Die Abbildung zeigt die Beilagen und Saucen ganz eng beieinander liegend. Dies signalisiert, dass es sich um ein Gesamtkunstwerk handelt, das nicht eingeteilt ist in Hauptgericht plus Sättigungsbeilage; die Beilagen ergänzen hier vielmehr deutlich den Geschmack der Taube und umgekehrt.

Wir haben uns für Stampfkartoffeln mit
Schnittlauch entschieden, frische Morcheln,
eine dünne Scheibe rohe Gänseleber, die darauf
gelegt und leicht mit »fleur de sel« gewürzt
wird, dazu Minikarotten und Erbsen.
Noch ein kleiner Trick: Wenn Sie die anfallende
Taubenleber kurz anbraten, dann durch ein Sieb
streichen und das Mus vorsichtig unter die
Sauce arbeiten, wird diese richtig delikat.

Gerhard Polt *Die Schulspeisung*

*i*ch hatte immer viel Freude an Lebensmitteln. Vor allem an der Schulspeisung. Diese befand sich in meinem mitgebrachten Blechnapf und war lauwarm. Sie bestand aus Flüssigem mit festeren Brocken und einer Art Schleim.

Nach der Schule benutzte ich sie oft, um sie meinen Lieblingsfeinden ins Gesicht zu schwappen. Dies ist mir Gott sei Dank öfters gelungen. Aber auch ein Volltreffer im Genick konnte mich mit wahrer Begeisterung erfüllen.

Die Tat besudelte den Feind, so dass er ordentlich gedemütigt war, und meine Mitschüler johlten bei jedem Einschlag. Der Feind, meistens ein Subjekt aus der Parallelklasse, benutzte diese von den Amerikanern gesponserte Aufbauhilfe ebenfalls gern als Munition und oft bekam auch ich einen Treffer ab. Es näherte sich dann, glaub' ich, der Koreakrieg und bei uns daheim herrschte Schule.

Gerhard Polt *Der Ratz*

der Burli hat ihn aufgestöbert und konnte für sich in
Anspruch nehmen, die Sache erst ins Rollen
gebracht zu haben. Der Burli war ein Terrier und
als solcher hatte er in der Metzgerei einen verant-
wortungsvollen Posten innegehabt, der ihm sehr
viel abverlangte – nicht zuletzt Selbstdisziplin, wie
man sich denken kann.

Eine Ratte in einer Metzgerei wirft natürlich immer
Fragen auf, die der Klärung bedürfen, bevor das
Renommee sinkt und Gerüchte zirkulieren, die
in diesem Handwerk nicht erwünscht sein können.
Dem Burli sein Gebell hat jedenfalls den Alarm
ausgelöst und eine wilde Jagd begann, leider –
sagen wir die Wahrheit – mit unzulänglichem
Erfolg. Diese Ratte, oder war es ein »er« – verkroch
sich im Labyrinth unzähliger Schlupfwinkel und
nach zweitägigem Bellen resigniert auch der drah-
tigste Terrier, obwohl der Feind in der Deckung
wahrscheinlich noch seine gesamte Verwandtschaft
sammelt, um inmitten einer untadeligen Schlach-

terei ein ungestörtes Schlemmerleben zu führen.
Darum beschloss man im obersten Metzgereirat,
dem Burli die alleinige Jagdaufsicht zu nehmen und
zu Mitteln zu greifen, die umstritten sind – zum
Rattengift. So wurde die totale Ratzifizierung
eingeleitet.

Das Ergebnis war – ich weiß, Sie ahnen es! –
Der Burli muss was abgekriegt haben und überlebte
nicht.

Der Ratz aber, oder soll man ihn schon in der Mehr-
zahl nennen, hinterließ immer deutlichere Spuren
seines schamlosen Treibens.

Es war der Engstätter Winfried, der Lehrbub, im
zweiten Jahr, dem der Zufall zu Hilfe kam, und der
durch einen gezielten Wurf mit dem Wagenheber
den Ratz voll traf, was sowohl als Wurfleistung
respektiert gehört, aber auch natürlich der Dreistig-
keit zu verdanken ist, mit der sich das Vieh am
helllichten Tag hinübertraute zur Hascheemaschine.
Dass der Engstätter Winfried dann tatsächlich den
Ratz am Schwanz triumphierend hochgehalten hat
und dann in hohem Bogen in den Hascheetrichter
vom Leberkäs hineingeschmissen hat, das gehört
freilich ins Reich der Gerüchte. Aber wie man weiß,
sind Gerüchte, ganz wurscht ob's in einer Metzgerei
Ratten hat oder nicht, überhaupt nie totzukriegen.

Zander

d er Zander wurde in unsere Auswahl aufgenommen, obwohl er nicht ganz am Stück auf dem Teller erscheint, aber er ist eben einer unserer besten Süßwasserfische; allerdings hat er auch fast so viele Gräten wie der Hecht. In diesem Fall ist es also die Ausnahme, dass wir ihm die Ehre eines »Starken Stückes« einräumen. Doch ist dies sozusagen als Hommage an die Region zu verstehen, denn es gibt ihn noch in Jagst und Kocher.

Der Zander wird filetiert, in diesem Falle auch entgrätet. Mag es auch einfach aussehen – diese schöne braune Kruste hinzukriegen bedarf schon einiger Übung, denn notwendig ist die richtige Temperatur in der Pfanne.

In der geklärten Butter können auch Rosmarinzweige, etwas Knoblauch und angestoßene Pfefferkörner sein. Der Fisch wird sehr scharf angebraten, aber er ist äußerst empfindlich und rasch trocken; von daher kann die Unterseite durch die Hitze auf der Haut garen, ohne dass man den Fisch umdreht. Die Haut muss also unbedingt dranbleiben. Nachdem er die große Hitze am Anfang braucht, ist kurz vor dem Herausnehmen des Fisches das Abschütten der geklärten Butter angesagt; frische Butter muss nun hinzugegeben werden, aber nur für eine Minute.

Der Zander ist einer der wohlschmeckendsten heimischen Fische und trotzdem eigentlich sehr feminin als Fischgeschmack, wenn man so sagen kann. Deswegen haben wir hier auch ein ganz dezentes Ragout von Kartoffeln und Kresse darunter gelegt. Die Kartoffeln sind kurz angekocht und dann in Bouillon gedämpft. Dazu kommt im letzten Moment sehr viel frische Kresse.

Letztere wurde noch einmal durch ein Püree außen herum verstärkt. Frittierte Kresse wurde zur Garnitur ebenfalls auf den Zander gegeben. Sehr gut passend ist auch eine im Ofen gegarte Minitomate.

Die braune Jus außen herum ist übrigens
vom Kalbsknochen. Sie werden vielleicht
fragen, was die jetzt beim Fisch verloren hat;
aber beim Essen werden Sie merken, dass
sich diese dezente Jus sehr harmonisch mit
dem Zander und dem Kressegeschmack
verbindet.

Gerhard Polt *Die letzte Forelle*

*a*ls der Kunstmaler Gustl Kallert starb, hatte er davor noch eine Forelle gegessen. Davor!

Seine Frau legte immer Wert darauf, den Zeitpunkt des Ablebens hervorzuheben. Davor!

Erst die Forelle!, dann der Exitus. Es hatte sich um eine Forelle Müllerin gehandelt.

Sie erreichte den Kunstmaler heiß und mit allen dazugehörigen Beilagen.

Wäre der Tod in der falschen Reihenfolge eingetreten, also erst Exitus – dann die Forelle, wäre der Fisch kalt geworden und keinem wäre er im Gedächtnis haften geblieben.

Gerhard Polt *Die Gulaschsuppe*

*d*er Wirt Buzifal meint, es sei eine Unterstellung, wenn ständig behauptet wird, dass in seinem Restaurant die Leute nur so wegsterben. Drei seien es gewesen. In Wirklichkeit war es aber höchstens mal einer. »Weil immer behauptet wird, von meiner Gulaschsuppe – mein Gott! – wie lang mache ich schon eine Gulaschsuppe? – und wenn wirklich, sagen wir, eine einmal einen Agout gehabt haben sollte, dann – a bissl a Wasser, eine Zitrone –, damit hab' ich noch jede Gulaschsuppe auf Vordermann gebracht!

An so einer Gulaschsuppe stirbt man nicht so leicht. Und wenn einer einmal davon stirbt, dann muss er doch vorher schon was gehabt haben!«

Lamm-
rücken

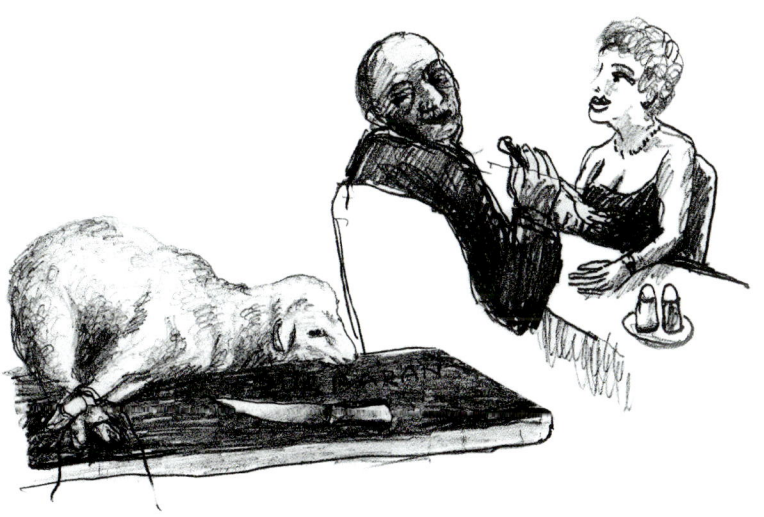

Lämmer haben den Vorteil, dass sie nicht zu manipulieren sind, wie manche Kälber oder andere Tiere, sondern sie können nur in der freien Natur überleben. Sie schmecken immer dann besonders gut, wenn sie in der Nähe von Kräutern, schmackhaften Blumen, möglichst in Verbindung mit Salz, das heißt in der Nähe des Meeres, ihre Nahrung finden. Bei Lamm kann man absolut sicher sein – selbst wenn die Nahrung nicht von bester Qualität war –, immer ein Tier vor sich zu haben, das ein glückliches Leben geführt haben muss. Darüber hinaus hat es neben dem aufgesetzten Fett noch so viele kleine Fettanteile direkt im Fleisch, dass es fast immer hochzart auf dem Teller liegt.

Dadurch, dass es einen relativ starken Eigenge-schmack besitzt – viel mehr zum Beispiel als Wild und meistens eben durch die Nahrung bedingt –, verträgt es auch Knoblauch, Rosma-rin, Thymian, starke Kräuter also, und ist aus der großen Küche nicht wegzudenken.

Der ganze Lammrücken wird pariert, das bedeutet, die Oberschicht der Haut wird abge-trennt, aber die Fettwulste an den Enden wer-den stehen gelassen. Dann wird er relativ kurz in einem sehr heißen Ofen ca. 20 bis 25 Minuten gebraten. Nun kann man Verschiedenes mit ihm anstellen: einfach tranchieren oder mit Senf einstreichen, oder auch ein »mie de pain«, das ist getrocknetes Weißbrot (so genanntes Panier-mehl nur aus Weißbrot), mit Kräutern versetzt obendrauf geben, darüber etwas Butter und noch einmal gratinieren. Wir haben in diesem Fall das Lamm »nature« gelassen, aber mit den schon genannten Kräutern zusammen gebraten.

Die Jus darf natürlich nicht von Rinder-, Kalbs-
oder sonstigen Knochen hergestellt werden,
sondern nur von den anfallenden Lamm-
knochen, die auch sehr viel mehr Geschmack
abgeben als andere Fleischknochen. Bei unserem Lammrücken, der absolut rosa gebraten
werden muss, haben wir uns für einen biolo-
gisch angebauten Jungspinat als Beilage entschieden, der nicht einmal blanchiert, sondern
nur in Butter angezogen wird. Mit ganz wenig
Knoblauch versetzt, schafft er sozusagen
das Unterbeet. Dazu haben wir Artischocken
gekocht, die Böden herausgebrochen, in kleine
Stücke geschnitten und ebenfalls mit Knoblauch, Rosmarin und Thymian gebraten.

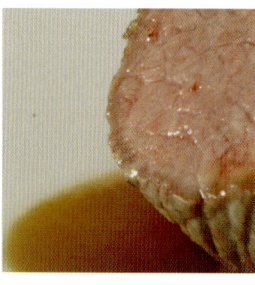

Der Artischockenboden ersetzt eigentlich komplett eine vielleicht gewohnte Kartoffel, aber wenn man die unbedingt haben will, dann passen sowohl schöne Bratkartoffeln als auch ein Gratin Dauphinois. Der kleine Pfiff bei diesem Gericht sind Tomaten, die entkernt und dann ganz mild im Ofen geräuchert wurden.

Gerhard Polt *Der Sandkuchen*

*d*er Sandkuchen als Bestandteil der mitteleuropäischen Küche macht manchmal seinem Namen alle Ehre. So bei der Frau Haberl, die den Sandkuchen und sein Zustandekommen noch vor dem Krieg erlernt hatte.

Die Frau Haberl war die Mutter von meinem Spezi Manni – und weil der Manni den Übertritt in die nächste Klasse geschafft hatte und diesmal ich, wie durch ein Wunder, auch, kam ich in den Genuss des berühmten Sandkuchens von der Frau Haberl. Ihre Vermutung »Sicher will er ein großes Stück« wollte ich eigentlich nicht gerne nähren, aber es gibt so Situationen im Leben, denen kommt man halt nicht aus. Ich fügte mich meinem Schicksal und schob einen Brocken in den Mund – und dann war ich wirklich schwer beschäftigt. Wie um Himmels willen kriegt man nur die Mundflüssigkeit her, um so ein trockenes Gebilde aufzuweichen? Der Sandkuchen füllte meinen ganzen Rachenraum aus, sodass mir, hätte ich den Mund geöffnet, um ein Getränk zu mir zu nehmen, ein Großteil des Sandes aus dem Gesicht gefallen wäre. Verzweifelt presste ich die Lippen zusammen und *atmete ganz flach, um nicht den Puderzucker in die Luftröhre zu bekommen. Ein Hustenanfall wäre die Folge gewesen. Ich verhielt mich ruhig und wartete ab – hin und wieder die Anstrengung unternehmend, ein Stück der mich blockierenden Masse hinunterzuwürgen. Die forsche Frage der Frau Haberl »Schmeckt's?« beantwortete ich mit einem Nicken. »Gell, des is guad!«, sagte die Frau Haberl. Ich nickte wieder. »Du hast mit gar nicht gesagt, dass dein Kamerad so gerne Sandkuchen mag!«, warf sie Manni vorwurfsvoll vor. Der aber zuckte nur mit den Schultern. »Gleich noch a Stückl!«, sagte die Frau Haberl jetzt zu mir, »es ist noch genug da!« Mit der Kuchenschaufel hievte sie mir ein neues Stück auf den Teller und schaute mich erwartungsvoll an. »Der Manni macht sich nix aus Sandkuchen«, sagte sie mit leicht enttäuschter Miene. »Aber dass da einer ist, der meinen Sandkuchen schätzt, ist mir eine besondere Ehre!« »Nur hinein damit! Es ist noch genug da!«, wiederholte sie. »Du kannst auch noch was mit heimnehmen!« Ich hätte jetzt »gerne!« sagen sollen, aber ich war, wie bereits geschildert, verstummt. Einige Brösel kitzelten mich jetzt am Zäpfchen und der Hustenanfall war unvermeidlich. Ich prustete und spie den ganzen Sandkuchenbrocken, der wie ein Schwamm alle Hohlräume meines Schädels verklebt hatte, auf den Teller, dann auf's Kanapee und schließlich auf den unechten Perserteppich der Frau Haberl. Diese schlug wie wild auf meinen Buckel,* um mein Ersticken zu verhindern und sagte: »Ja, wenn's einem schmeckt, dann kann's schon sein, dass man sich amal zu viel zumutet.« Kaum hatte sie die mir entfallenen Sandstücke mit der Schaufel aufgenommen und entsorgt, kam die nächste Aufforderung: »Aber jetzt!!« Wahrscheinlich durch die Atemnot willensschwach geworden, steckte ich mir wieder ein Stück in den Mund. Vorsichtig zwar und mit Bedacht, und auch ein kleineres Stück, … aber – der Effekt war ähnlich.

Ich hätte vorher was trinken sollen, denn so war mein Rachen wieder trocken wie eine Spanplatte.

Alle Fragen der Frau Haberl, warum ich denn so gerne Sandkuchen äße und ob ich nicht auch einmal einen Englischen Kuchen möchte oder einen von ihr selbst fabrizierten Guglhupf, konnte ich nicht beantworten.

Da kam mir die Erleuchtung. Zurück von der Toilette, die meinen Racheninhalt gnädig aufgenommen hatte, meinte die Frau Haberl, ihr sei aufgefallen, dass ich etwas blass sei und an meiner Einsilbigkeit merke man gleich, dass mit mir armen Kind irgendetwas nicht stimmen würde.

Sie drückte mir den Rest des Sandkuchens in die Hände, mit der Empfehlung, ich solle ihn daheim nur gleich verzehren, sonst würde er trocken, und gerade für einen wie mich, der so gerne Sandkuchen äße, wäre das doch jammerschade.

Forelle blau

forelle – der wohl bekannteste deutsche Fisch. Man muss sehr aufpassen, dass man beim Ausnehmen die Schleimhaut, die ihn außen umgibt, nicht verletzt, denn sie ist es, die ihm diese wundervolle blaue Farbe verleiht. Sie entsteht dann, wenn die rohe Forelle vorsichtig in einen kochenden Sud gelegt wird, der mit Wurzelgemüse, gespickter Zwiebel, Estragon und Dill sowie ein paar Lorbeerblättern versetzt ist, und darin zieht.

Den Grad der Frische sieht man übrigens
besonders deutlich am Reißen des Fleisches.
Denn wenn das Fleisch der Forelle am Stück
nicht einreißt, ist der Fisch schon älter.
Nachdem wir die Forelle so in dem wunderbaren Silbergefäß (wie auf der Abbildung zu
sehen) gegart hatten, wollten wir sie nicht
einfach mit Butter servieren und filetieren,
sondern wir haben daneben aus Gräten von
Süßwasserfischen – also von Zander, Forellen –
mit Weißwein einen Fischfond angesetzt, den
wir reduziert und mit Butter abgebunden
haben.
Die Filets haben wir vorsichtig von dem ganzen
Fisch gelöst, jedoch einen Teil der Haut darauf
gelassen. Dazu passen normale Salzkartoffeln
mit etwas Tomate und Kresse und gedämpfte
Kopfsalatherzen.

Übrigens ist Forelle blau ein sehr altes Gericht.
Im Schwarzwald und in einigen Bächen anderer
Gebiete gibt es ja noch diese ganz wilden Bach-
forellen, die eine Delikatesse sondersgleichen
sind.

126

Forelle Müllerin hat immer einen kleinen Beigeschmack, weil man halt die Forelle, wenn sie nicht mehr ganz so frisch ist, einfach sehr gut durch das Braten zudecken kann. Damit lässt sich wunderbar verschleiern, dass sie nicht erst vor kurzem gefangen wurde.

Der Einsatz im Topf erlaubt es, die Forelle unverletzt aus dem Sud zu heben.

Wie es aber zu der Forelle Müllerin kam, will ich Ihnen in diesem Kapitel auch gern erzählen: Es gab, wie schon erwähnt, vor hunderten von Jahren eigentlich nur Forelle blau. Nun war Napoleon auf der Reise mit seinen Generälen und Adjutanten, er sah eine Mühle und wollte dort einkehren. An einer Mühle, das ist bekannt, waren immer Bäche, in denen sich zahllose Forellen tummelten. Er bestellte bei der Müllerin eine Forelle blau. Natürlich war sie, wie auch ihr Ehemann, wahnsinnig aufgeregt, dass der Kaiser bei ihnen essen wollte.

Nachdem sie schon längere Zeit gebraucht hatten, um zwei Forellen zu fangen, haben sie es wegen ihrer Aufregung nicht vermocht, die Fische festzuhalten. Sie glitschten aus der Hand der Müllerin direkt in ein Mehlfass – eine große Katastrophe, denn Napoleon wurde schon ungeduldig. Der Müllerin war klar, dass die Forelle nicht mehr blau zu servieren war, da die Schleimschicht des Fisches nun mit Mehl bedeckt war. So hat sie sie einfach in Butter gebraten und ein paar Kräuter darauf gegeben. Diese Art der Zubereitung schmeckte Napoleon so gut, dass er anschließend nur noch Forelle nach der Müllerin-Art essen wollte.

Gerhard Polt *Die Schnitte*

die Tante Marie hat es selber gesagt, weil unweit von uns Flüchtlinge – irgendwelche von da drüben – sich ein Haus gebaut haben, da hat sie gesagt, denen sollte man einen Benzinkanister hineinschmeißen und anzünden, dann wäre gleich eine Ruhe! Mir kam dieser Vorschlag damals ganz logisch vor, nicht zuletzt auch, weil die Tante Marie gesagt hat – da fliehen's, und natürlich zu uns! – Die hätten ja auch woanders hinfliehen können – vor allem, wenn sie keinen gescheiten Fluchtweg nicht haben.

Lieber Leser, wenn man das jetzt so liest, ich weiß, dass dann die Tante Marie nicht ganz so überzeugend wirkt, weil oft ist es ja auch so – liest man was, ist das nicht immer so authentisch, wie wenn man's persönlich hört, obwohl die Geschichte jetzt schon weit über ein halbes Jahrhundert her ist. Die Aussage von der Tante Marie hat auf mich einen großen Eindruck gemacht, und Flüchtlinge, noch dazu wenn sie bei uns ein Haus gebaut haben, von

unserem Geld, obwohl sie drüben nichts gehabt
haben außer Schulden, und die hätte ihnen der
Russe niemals weggenommen, und prägte meine
Vorstellung vom Flüchtling im Allgemeinen.
Nun aber war ein Abkomme von solchen Flüchtlin-
gen der Wolfgang – und der war eigentlich sehr nett
und ging mit mir in dieselbe Schulklasse und eines
Tages zeigte er mir bei sich daheim etwas, ein Spiel-
zeug, deutsche Granatwerfer in Stellung, die er
gegen ein echtes Ochsenauge in meinem Besitz
eintauschen wollte.
Die Flüchtlingsfamilie war sehr freundlich zu mir,
was mich anfangs sehr skeptisch machte, aber als
die Flüchtlingsmutter mich fragte, ob ich eine
Schnitte haben wollte, sagte ich empört »nein!«
Als dann der Wolfgang eine Schnitte aß und ich
sah, dass es sich dabei um eine Scheibe Brot han-
delte mit irgendwas drauf, was halt Flüchtlinge zu
sich nehmen, da wurde mir bewusst, dass diese
Flüchtlinge tatsächlich ganz andere Menschen
waren, und bei aller Freundlichkeit, das würde doch
noch eine Zeit dauern, bis dass sie zumindest
gastronomisch bei uns integriert sind. Die Tante
Marie hat dann doch keinen Benzinkanister ins
Flüchtlingshaus geworfen, weil sie es dann allen
noch mal gesagt hat, es wäre schad' ums Benzin.

Ganzer
Rehrücken

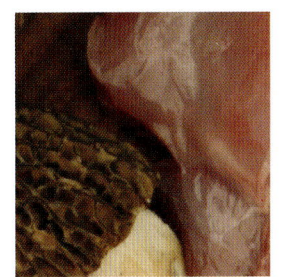

d er Rehrücken gehört bei uns natürlich seit jeher dazu, nicht nur weil wir eigene Wälder haben, sondern weil auch hier, ähnlich wie beim Lamm, die Tiere ein natürliches Leben gelebt haben müssen, bevor sie zu uns in die Küche kommen. Dadurch, dass wir eigene Förster haben, kommen wir zudem noch in den Genuss, auch das so genannte Aufgebrochene, das sind die Innereien, oft mitverarbeiten zu können. Aber hier soll jetzt nur von dem Rehrücken die Rede sein.

Die Jagd ist ja von Mitte Januar bis Mitte Mai verboten, doch anschließend, also in dem ganzen Zeitraum dazwischen, kann wieder Reh genossen werden. Eigenartigerweise halten sich viele beim Rehessen sehr stark an den Herbst und sind es gewohnt, im September, Oktober, in dem andere Gerichte wie Rebhuhn und Fasan tatsächlich eher eine Rolle spielen, auch das Reh unbedingt haben zu wollen. Das ist in Ordnung, doch man muss sagen, dass die im Juni, Juli und vor allem im August geschossenen Rehe eigent-

lich die schmackhafteren sind, weil sie noch voll von der duftenden Nahrung des Sommers in ihrem Fleisch begleitet werden, wohingegen dies im Spätherbst schon wieder nachlässt.

Der Rehrücken wird pariert, und diese Parüren sowie die Halsknochen und vielleicht auch Schulterstücke nimmt man für den Ansatz einer Wildsauce, die separat hergestellt wird und deren Zubereitung immer gleich abläuft. Der Rehrücken selbst wird im Gegensatz zu vielen anderen ganzen Stücken nie scharf angebraten, sondern man sollte ihn eigentlich nur würzen, mit den notwendigen Kräutern versehen, mit kaltem Öl übergießen und in einen extrem heißen Ofen (220 bis 300 °C) schieben. Das Fleisch ist in seiner Struktur so zart, dass es durch die Kruste beim Anbraten nur verlieren würde. Die starke Ofenhitze ist wichtig, damit sich die Poren schließen.

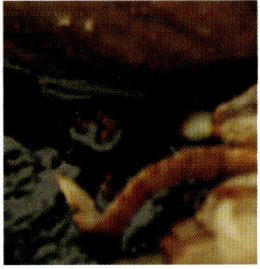

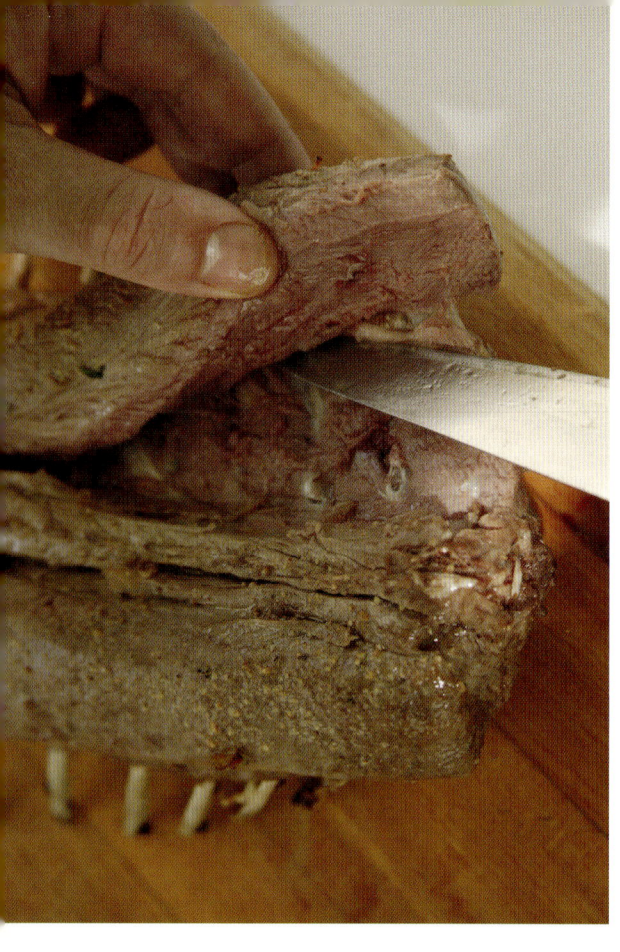

Nach etwa 10 Minuten sollte man dann mit dem Öl, das sich inzwischen mit den Kräutern, den Wacholderbeeren, der Lorbeerblättern und dem Rosmarin vermischt hat, immer wieder arosieren, das heißt das noch bratende Stück übergießen. Ein normaler Rehrücken, selbst wenn er relativ lang ist und für vier bis sechs Personen als Hauptspeise reicht, braucht nicht länger als 15 bis 20 Minuten; dann ist er durch seinen hohen Eiweißgehalt schon fertig, aber noch rosa.

Wie alle »Starken Stücke« muss er fünf bis zehn Minuten ruhen, anschließend kann man ihn am Tisch tranchieren. In der Abbildung ist zu sehen, dass wir den Rehrücken ganz eng an den so genannten Beilagen angerichtet haben. Wiederum weil die Kombination aus den Pfefferkirschen,

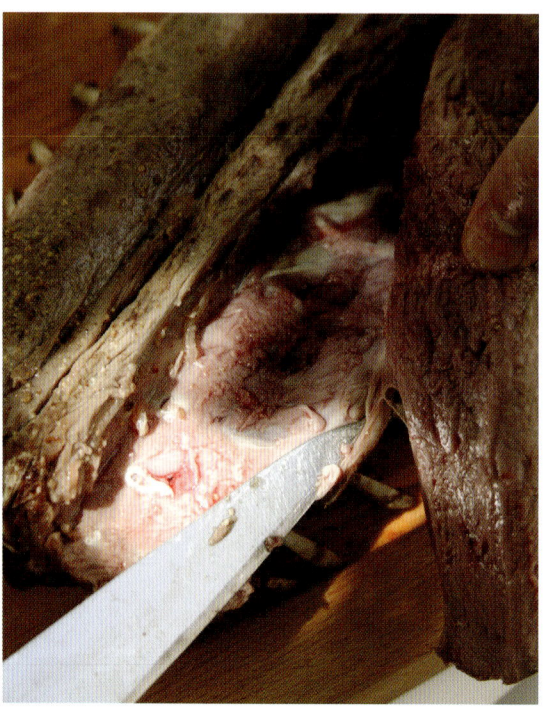

dem Selleriepüree mit den gehackten schwarzen
Trüffeln obenauf, den Pfifferlingen, der kleinen,
darunter liegenden Nudelplatte und einigen
Staudenselleriewürfeln als Gesamtkomposition
zu sehen ist und auch so schmecken soll.

Gerhard Polt *Im Brunnhof*

*e*in norddeutscher Gast verirrte sich in den Brunnhof und saß im Biergarten. Der Wirt selber, der Dietl, hatte auch Hühner, und die liefen frei herum, was heutzutage selbstverständlich verboten wäre, weil, wie man weiß, Hühner nur auf dem Teller etwas zu suchen haben, zusammen mit Pommes frites.

Damals waren Dietl's Hühner am norddeutschen Gast sehr interessiert, weil er Essen bestellt hatte und dabei war, es zu sich zu nehmen. Sie umzingelten ihn gackernd, dreist seine Abwehrbewegungen ignorierend, und pickten in seinem Gericht herum – es handelte sich um ein Tiroler Gröstl.

Der Gast schrie um Hilfe, vergeblich. Der Dietl sah zwar, dass seine Hühner die Initiative ergriffen hatten, meinte aber nicht ohne Stolz: »Seng sa's, de Heena wissen a was guad is und wo ma was guads kriagt.«

Gerhard Polt *Die Weißwurscht*

*J*eden Dienstag ganz in der Früh wurde nach mir gerufen und gnädigst ging ich zu den Rufern. Ich hatte damals viel Zeit, weil ich nicht in den Kindergarten musste.

Alle standen da, Spalier! Der Metzger, bisweilen seine Frau, seine drei Gesellen und die zwei Lehrbuben. Feierlich überreichte man mir die Weißwurscht. Ich roch – prüfte noch einmal, dann schob ich sie in den Mund und zuzelte, zuzelte, dann hielt ich die Haut triumphierend in die Luft.

Und? – Erwartungsvolle Augen blickten mich an. Und?!

»Sehr guat«, sagte ich, »ganz guat! – narrisch guat!« Überall ein erleichtertes Aufatmen.

»Gut«, sagte der Metzger, »wenn's a so is, dann verkauf ma's!«

Ob Sie es glauben oder nicht, diese langjährige Prozedur hat mein Selbstbewusstsein enorm gefördert.

Schwäbisch-
Hällisches
Landschwein

das Schwäbisch-Hällische Landschwein ist ein wunderbares Beispiel dafür, wie man alte Kulturen von Tierhaltung wieder aufleben lassen kann und trotzdem zu wirtschaftlichem Erfolg kommt. Beim »Bœuf de Hohenlohe« – einem besonders um die Mitte des 19. Jahrhunderts geschätzten Erzeugnis hoher Qualität aus dem Hohenlohe'schen Raum – ist man schon auf einem guten Weg, aber es gibt leider noch zu wenige Stücke, denn die Umstellung braucht Zeit. Mit dem Schwäbisch-Hällischen Landschwein ist man in dieser Hinsicht schon weiter, die Wiederaufnahme und Vermarktung hat früher eingesetzt.

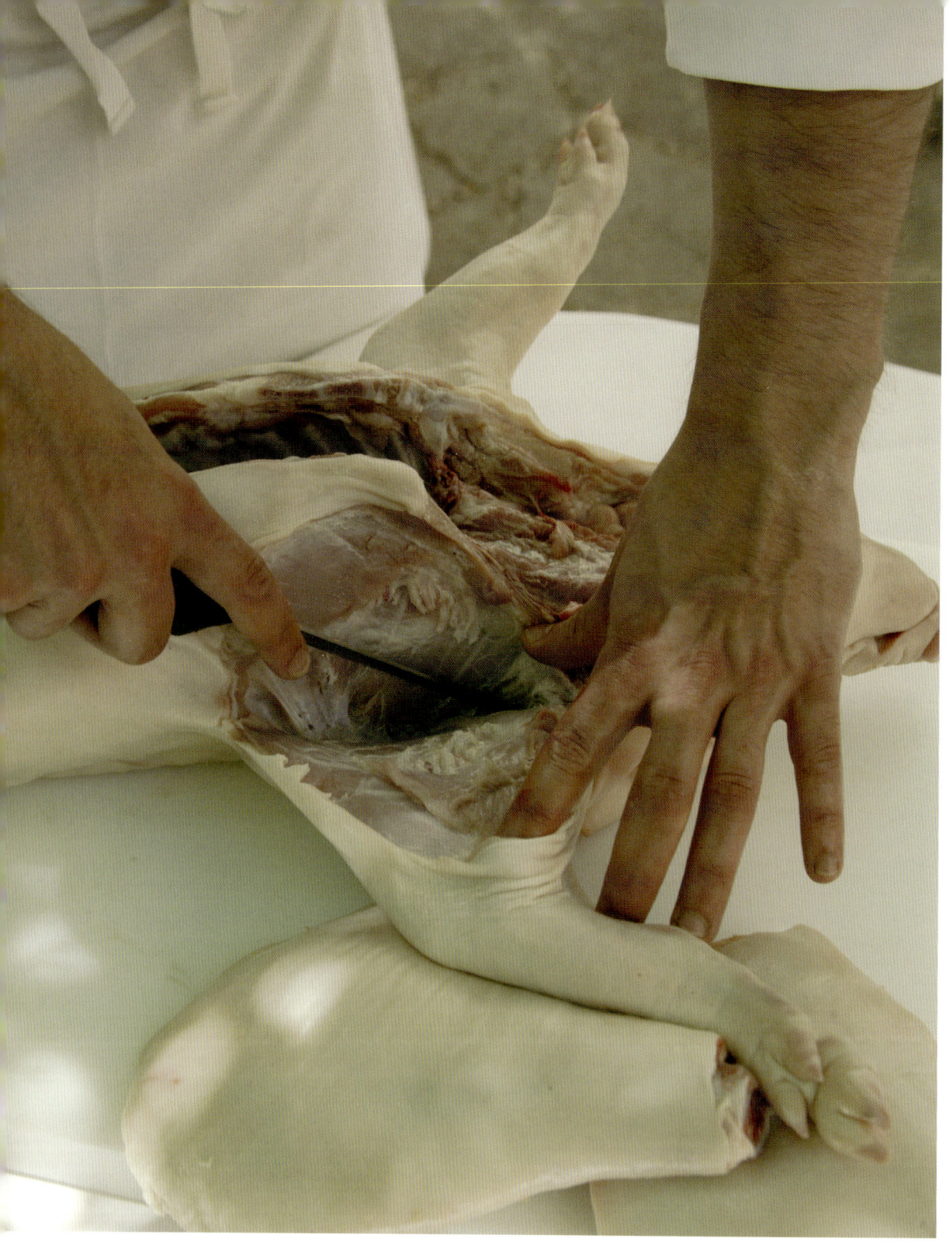

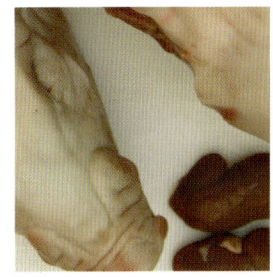

Das übliche Schweinefleisch hat auf Gourmet-karten überhaupt nichts verloren. Im Gegensatz dazu ist es wunderbar, dass man das Schwäbisch-Hällische Landschwein wegen seiner Qualität in der großen Küche sofort neben Lamm, Hummer, Gänseleber und all die anderen feinen Produkte einreihen kann. Allerdings ist es hier so, dass nicht das ganze Stück verarbeitet werden sollte; das ist zwar rustikal und manchmal der Gemütlichkeit zuträglich, aber die Keulen brauchen länger als der Rücken und die Schultern noch ein bisschen länger, sodass man hier schon das ganze Tier vorher zerteilen muss.

Wir haben einen gefüllten Schweinerücken gemacht, eine Schweinehaxe und einen Schinken im Brotteig.

Den Rücken haben wir diesmal nicht am Stück gebraten, sondern ausgelöst, eingeschnitten, plattiert und mit einer Semmelknödelfüllung versehen. Aus den Knochen haben wir eine sehr dunkle Jus gemacht, die auch wieder viel Geschmack hergibt, dazu Steinpilze gebraten und jungen Spinat daran gelegt.

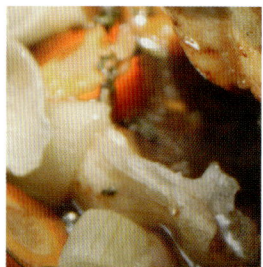

Die Haxe wird mit Rosmarin, Thymian, Schalotten, Lorbeer, Pfefferkörnern, Knoblauch und geklärter Butter gebraten und nach dem Ruhen sofort aufgeschnitten. Das Fleisch ist derart gut, dass Sie einmal probieren sollten, es nur auf eine Scheibe Sauerteigbrot mit Butter aufzulegen und es zu genießen.

Gerhard Polt *Der Sepp*

*d*er Sepp in seiner Art hat es so ausgedrückt: – wenn man einen guten Kaffee will, muss man nach Österreich hinüber, über die Grenze, weil da gibt es ihn, den guten Kaffee. Von dem verstehen sie was, die Österreicher. Mir saufen halt unser Gwasch schon lange, aber – sagt der Sepp – »mir ist das wurscht, ich sauf' halt den unseren Kaffee und bin daran gewöhnt.«

Jetzt brauchen wir keinen guten Kaffee mehr aus Österreich, wenn man den schlechten so gewöhnt ist. Und – sagt der Sepp – »die Engländer fressen ja auch ihr Zeug und machen keinen Muckser, obwohl sie wissen, dass man in Frankreich gut isst – aber ein gutes Essen frisst man da, wo es hingehört, und die Engländer wissen es genau, das französische Essen gehört nach Frankreich und nicht nach England und da bleiben sie konsequent.«

*Lothar Eiermann und
Gerhard Polt im Res-
taurant OLIVO im Hotel
Zeppelin in Stuttgart am
23. Oktober 2003*

Fotografie
Roland Bauer, Braunsbach
Arrangements und Assistenz
Andrea Deininger-Bauer

Gestaltung
Büro Langemann, München

Lektorat
Konzeption & Redaktion,
Leinfelden-Echterdingen

Produktion
Norbert Brey, Künzelsau

Druck
Engelhardt & Bauer, Karlsruhe

Buchbinderei
Spinner, Ottersweier

© 2003 die Autoren und
Swiridoff Verlag, Künzelsau

ISBN 3-89929-005-4